**KAMPENWAND**
VERLAG

ISBN: 978-3947738250

© 2020 Kampenwand Verlag
Raiffeisenstr. 4 · D-83377 Vachendorf
www.kampenwand-verlag.de

Versand & Vertrieb durch Nova MD GmbH
www.novamd.de · bestellung@novamd.de
+49 (0) 861 166 17 27

Text: Petra Himmel
Bilder: 3dfoto / Shutterstock
Druck: FINIDR, s.r.o.
Lípová 1965 . 737 01 Český Těšín . Česká republika

# GOLF

## Hinter den Kulissen

Petra Himmel

*VORWORT*

Eine Sportart steht still. Komplett. Zumindest in großen Teilen der Welt. Im März 2020 sorgte die Corona-Pandemie dafür, dass das internationale Golfgeschehen in weiten Teilen zum Stillstand kam, sowohl für die Amateure als auch für die Profis. Was tut ein Sportjournalist, wenn es keine Turniere mehr gibt, über die man berichten kann? Er schreibt ein Buch.

„Golf – hinter den Kulissen" ist eine Sammlung von Eindrücken, Geschichten und Begegnungen, die in mehr als 20 Jahren Berichterstattung bei Turnieren in allen Ecken dieser Erdkugel zusammengekommen sind. Manche Ereignisse werden über die Jahre zu einem Fixpunkt im Kalender, manche Spieler verfolgt man vom Teenageralter an und sieht, wie sie sich über die Jahre entwickeln. An den einen oder anderen Ort möchte man immer wieder zurückkehren, weil er fast schon mythisch ist.

Ich spielte noch kein Golf, als ich vor gut 25 Jahren anfing, über diesen Sport zu schreiben, der seine Eigenheiten hat –nicht alle davon sind großartig, manche sind durchaus anstrengend. Aber alles in allem bleibt eine Erkenntnis: Golf fasziniert mit seinen Plätzen und Protagonisten. Vor allem, wenn man hinter die Kulissen blickt.

INHALT

## MENSCHEN

Tiger Woods     9
*Das größte Comeback in der Geschichte
des Sports*

Bernhard Langer     23
*Der ewige Perfektionist*

Martin Kaymer     33
*Der Majorsieger mit dem Promi-Problem*

Rory McIlroy     45
*Ball-Artist und Businessman*

Se-ri Pak     55
*Als Korea anfing, die Golfwelt zu erobern*

Projekt Wunderkind     65
*Die kleinen Stars von heute und gestern*

## PLÄTZE

Old Course St Andrews     75
*City Golf auf Schottisch*

Irland für Golfer     87
*Die Insel der Geschichten*

Keiser & Kohler     99
*Zwei Visionäre und der Traum
vom Public Golf*

Ausgemustert 111
*Vier Open-Plätze für Liebhaber*

Mission Hills in China 117
*Golf ganz groß im Reich der Mitte*

## TURNIERE

Ryder Cup 125
*Golffestival und Geldmaschine*

The Masters 139
*Eine Inszenierung in Grün*

British Open 153
*Spitzengolf ganz down to earth*

U.S. Open und PGA Championship 163
*Grenzerfahrungen für die Besten der Besten*

## GOLF GANZ EINZIGARTIG

Der Schwung 173
*Eine unendliche Geschichte*

Das Handicap 181
*Ein System für Dichter und Denker*

Beziehung mit Hindernissen 191
*Die Psychologie der positiven Illusion*

St Andrews Ladies' Putting Club    199
*Ein charmantes Unikat*

Corona 2020    205
*Golf in der Krise*

Amerikas Präsidenten    215
*Was tun mit dem Golf-Fan Trump?*

Der Sunningdale Foursomes    225
*Klassisch britisch seit 1934*

MENSCHEN

# Tiger Woods

*Das größte Comeback
in der Geschichte des Sports*

A m Sonntagabend, nach der Siegerehrung beim Masters, wird es im Augusta National Golf Club immer ganz still. Zehntausende Zuschauer haben das Weite gesucht, die Profis sitzen längst im Flieger oder Auto – ab nach Hause oder zum nächsten Turnier.

Zum Ende des Finalsonntags 2019 steht ein schwarzer SUV mit einem offenen Kofferraum auf dem Parkplatz für die Spieler, und eine gelbe Flagge lehnt daran. Es ist die Fahne des 18. Lochs. Joe LaCava, Tiger Woods Caddie, hat sie mitgenommen. Jetzt sitzt er in Tigers Auto und wartet auf den fünffachen Masters-Champion, der an diesem Tag seinen insgesamt 15. Majortitel geholt hat. Tiger Woods dreht derweil eine letzte Runde bei den Mitgliedern im Clubhaus, um eine fast fünfjährige Odyssee Revue passieren zu lassen, die heute und hier ein Ende genommen hat. Soeben hat er nicht nur seinen 5. Masters Sieg geholt, sondern vor allem ein Comeback geschafft, das in den Wochen und Monaten danach als das Erstaunlichste geschildert wird, welches die Welt des Sports bis dahin erlebt hat.

Warten hat die letzten Jahre der Karriere von Tiger Woods und seiner Familie geprägt. Die Kinder Charlie und Sam, die Freundin Erica Herman, Mutter Kutilda: Sie alle haben sich die Frage, ob er jemals wieder Golf spielen würde, gestellt, als Woods nach der Saison 2014 so sehr mit gesundheitlichen Problemen kämpfte, dass an vernünftiges Golf nicht mehr zu denken war. „Ich konnte nicht stehen, nicht sitzen, nicht laufen", beschrieb Tiger Woods den Leidensweg, den er im Verlauf seiner vier Rückenoperationen seit 2014 beschritt. Schmerzfreies Leben allein schien ein unerreichbares Ziel.

„Meine Kinder kennen Golf nur als den Sport, der mir wehgetan hat", erklärte Woods im Anschluss an seinen Sieg die Situation der letzten Jahre. „Charlie, mein Sohn, war bei meinem letzten Majorsieg noch nicht einmal geboren." Golf war für ihn der Sport, bei dem sein Vater

Schmerzen hatte, unter schlechten Schlägen litt, sich immer wieder negativen Erlebnissen in der Öffentlichkeit aussetzte. Nein, seine Kinder verstanden vor diesem Masters-Triumph nicht, was den Vater eigentlich an diesem Turnier und dem Platz von Augusta National begeisterte. „Charlie hat gestern bei einem Fußballturnier verloren und war dann früher fertig. Ich habe ihm gesagt, dass er vielleicht noch nach Augusta kommen kann, damit ich ihm all das mal zeige und erklären kann, was es mir bedeutet. Zum Glück hat es geklappt", resümierte Woods begeistert.

Die Karriere des Tiger Woods ist immer vom Masters und Augusta National geprägt gewesen. Hier holte er 1997 seinen ersten Majortitel mit zwölf Schlägen Vorsprung – ein Rekord. 22 Jahre danach folgte der legendäre fünfte Sieg: „An der 18 ist die Geschichte für mich rund geworden", resümierte er mit Tränen in den Augen, „ich habe geweint und alle anderen auch." Beim Masters 1997 kam sein Vater überstürzt während der Turnierwoche nach Augusta, obwohl er wegen Herzproblemen eigentlich zu Hause bleiben sollte. „Am Mittwochabend hat er mir noch eine Putt-Lektion gegeben und das war es dann", erinnerte sich Woods. „Jetzt ist mein Vater nicht mehr da, aber meine Mutter war heute hier und meine Kinder."

Bei seinem ersten Sieg 1997 lernte man im Profigolf das jugendliche Supertalent kennen, den ungestümen Jungstar, der den Platz scheinbar nach Belieben demontierte. Die Golfwelt hatte zu diesem Zeitpunkt längst Bekanntschaft mit dem Phänomen Tiger Woods gemacht, schließlich hatte man den Jungen schon als Fünfjährigen im US-Fernsehen in der Mike-Douglas-Show mit Bob Hope gesehen. Ein kleiner Kerl, über den sein Lehrer Rudy Duran damals sagte: „Dieses Kind ist nicht außergewöhnlich – es ist viel mehr als das." Als 14-Jähriger hatte er bereits mehr erreicht als viele andere Wunderkinder des Golfsports wie Bobby Jones, Jack Nicklaus oder Lanny Wadkins vor ihm. Unter anderem hatte er 1981 den ersten von insgesamt fünf Titeln bei der Optimist Junior World Championship geholt. Der Sohn eines farbigen Vaters und einer Mutter aus Thailand, der im kalifornischen Cypress aufwuchs und seine ersten Runden im Navy Golf Club spielte, weil sein Vater als Oberstleutnant beim Militär gedient hatte, wusste genau, was er wollte und wie groß sein Potenzial war. „Das Spiel ist irgendwie nie schwierig gewesen", erzählte er mit 14 Jahren einem Reporter der US-Zeitschrift Golf Digest. „Keine Ahnung, aber ich war einfach immer gut." Die logische Konsequenz für ihn: „Ich will der nächste beherrschende Spieler werden. Ich will aufs College gehen, Pro werden und auf der Tour spielen. Ich will mehr Majors gewinnen als jeder andere."

Ohne die Leidenschaft seines Vaters wäre diese herausragende Karriere eines Jugendlichen nie möglich gewesen. Earl Woods war der erste Farbige, der Baseball in der amerikanischen Big Eight Conference in Kansas State spielte. Ein leidenschaftlicher Sportler, dessen Baseball-Karriere mit einer Schulterverletzung ein abruptes Ende nahm. Er ging zum Militär, landete an der Front in Vietnam und freundete sich dort mit einem vietnamesischen Soldaten an, dessen Name Tiger war. „Der Kerl war so tapfer, das war so ein Teufel auf dem Schlachtfeld, dass ich mich entschloss, dass der Spitzname meines nächsten Sohnes Tiger sein sollte."

Earl Woods hat seinen Sohn Tiger, mit dem er seit dessen viertem Geburtstag die ersten Runden im Navy Golf Club drehte, oft als Geschenk Gottes bezeichnet, auf das er aufzupassen hatte. Die Ausbildung seines Sohnes zum Spitzengolfer wurde zu Earl Woods Bestimmung. Er wandte psychologische Techniken an, die er im Gefängnis bei Befragungen kennengelernt hatte, um den kleinen Tiger widerstandsfähiger zu machen. Unverletzbar sollte er auf dem Schlachtfeld Golfplatz werden – eine Maschine.

Mutter Kutilda fuhr ihn zu den Trainingseinheiten. Die kleine, freundlich wirkende Frau begleitete den Jungen auf zig Turniere. Sie war nicht weniger wettbewerbsorientiert als Earl. „Ich habe Tiger immer gesagt, wenn er in Führung lag, nimm das nicht auf die leichte Schulter, sondern kill sie. Erst wenn alles beendet ist, kannst Du ein Sportsmann sein."

Ein Jahrzehnt später, Tiger Woods war inzwischen 25 Jahre alt, war aus dem ambitionierten Teenager der neue Megastar der Sportszene geworden. Als Woods seinen zweiten Masters-Titel in Augusta National holte, blieb der Konkurrenz nur Sprachlosigkeit und uneingeschränkte Bewunderung. Der Amerikaner war der erste Spieler im Golf, der alle vier Majortitel gleichzeitig hielt. „Tiger Slam" nannte man diese Leistung – für den Grand Slam hätte er Siege beim Masters, der Open, der U.S. Open und der US PGA Championship in einem Jahr gebraucht. Woods holte die Titel im Verlauf von zwölf Monaten, allerdings verteilt auf die Jahre 2000 und 2001.

Es waren 294 Tage, in denen der Amerikaner die vier größten Einzel-Golfturniere der Welt in insgesamt 65 Schlägen unter Par spielte, die Konkurrenz schier nach Belieben deklassierte und der Sportwelt den Begriff Dominanz auf neue Weise nahebrachte. Im September 2009 wurde der Golfer zum ersten Athleten weltweit, der im Verlauf seiner Karriere mehr als eine Milliarde Dollar verdient hatte, im gleichen Jahr wurde er im Magazin „Forbes" hinter Oprah Winfrey als der zweitreichste farbige Mensch der USA geführt. Ein Rekord folgte auf den nächsten.

Ein Rausch der Superlative, der ein raues Ende nahm, als die Zeitung „National Enquirer" im November 2009 – Woods und seine Frau Elin Nordegren hatten nach Tochter Sam auch ihren Sohn Charlie Axel Woods bekommen – von einem Verhältnis des Superstars mit einer Nachtklubmanagerin namens Rachel Uchitel berichtete. Ungute Details eines großen Sexskandals folgten, Sponsorenverträge wurden gekündigt, Woods verschwand in einer Privatklinik zur Sextherapie. Als Golfer bekam man ihn erst wieder beim Masters 2010 zu Gesicht, vier Monate später wurde er von Elin Nordegren geschieden.

Wer die Geschichte von Tiger Woods erzählt, bleibt an den Jahren 2010 bis 2018 immer wieder hängen. Sie zeigen das erstaunliche Bild eines Menschen, der permanent zwischen außergewöhnlichem Höhenflug und Absturz wechselt. Die Kündigung von Trainern, die Trennung von seinem Caddie Steve Williams 2011, der Beginn einer Serie von Verletzungen und diverse sportliche Fehlleistungen zeichnen das Porträt eines Sportlers, der plötzlich weit weg schien von dem Ziel, den Rekord von 18 Majorsiegen, aufgestellt von Jack Nicklaus, einzustellen. Aufsehenerregende Beziehungen wie zu der Ski-Sportlerin Lindsey Vonn sorgten für Schlagzeilen, das unstete Privatleben wurde von der ganzen Welt kritisch beäugt.

Zwischendrin aber tauchte immer wieder der Siegertyp auf: 2012 spielte er bei der Honda Classic die niedrigste Runde seiner PGA-Tour-Karriere, holte sich mit seinem Sieg beim AT&T National seinen 74. Toursieg – nur noch Sam Snead lag mit 82 Erfolgen vor ihm. 2013 war er wieder die Nummer 1 der Welt, bevor sich die Spirale aus Verletzungen und Comebacks wieder zu drehen begann. Vier Rückenoperationen und endlos viele Rückschläge ließen den letzten Sieg beim Bridgestone Invitational 2015 irgendwann wie einen fernen Traum aussehen. 2015 nahm ihn die Polizei beim Autofahren fest, zugedröhnt von Schmerztabletten. Das Polizeifoto eines unrasierten, völlig fertigen Tiger Woods ging um die Welt.

Irgendwann gab der einstige Weltranglistenerste nur noch ein trauriges Bild auf dem Golfplatz ab, wenn er erneut versuchte, in den Turnierbetrieb zurückzukehren. Seine Drives flogen kreuz und quer, Fernsehkommentatoren redeten offen darüber, dass er womöglich ein Fall für das fatale Nervenzucken Yips beim Chippen geworden sein. Er rutschte ab in der Weltrangliste bis auf Position 1.199 im November 2017, und die bange Frage stand im Raum: Kommt er je zurück?

Im September 2018 belehrte der Ausnahmeathlet alle Zweifler eines Besseren. Er fuhr nach Atlanta und gewann im East Lake Golf Club die Tour Championship, das Saisonfinale – ein Event, bei dem die Besten der Besten versammelt sind. Zu diesem Zeitpunkt war er 42 Jahre alt – nicht wirklich ein Golfer auf der Höhe seines Leistungsvermögens. Aber neun Monate, nachdem alles so aussah, als sei seine Karriere beendet, war Tiger Woods bereits wieder die Nummer 13 der Welt.

Die Golfszene wurde einmal mehr versetzt in den Zustand der Tigermania. Junge Kollegen, die Tiger Woods seit Beginn ihrer Karriere nie in seiner vollen Größe erlebt hatten, fingen an zu erkennen, dass dieser Mann tatsächlich ein Ausnahmesportler war. Alte Wegbegleiter wie Phil Mickelson oder Ernie Els lernten gleichzeitig einen neuen Tiger Woods kennen. Aus dem Einzelgänger, der noch in den Jahren 2000 und 2001 oftmals mehr einem Phantom als einem realen Sportler geglichen hatte, weil er sich stets vor Kollegen und der Öffentlichkeit verkroch, war ein Mitspieler geworden, der menschlich geworden zu sein schien.

Der neue Woods absolvierte geduldig Golf-Workshops mit Kindern, suchte selbst auf dem Golfplatz das Gespräch mit Kollegen und spielte zu Hause in Jupiter Island gern mit jüngeren Profis wie Rickie Fowler. Schon die Tatsache, dass er sich selbst für den Ryder Cup 2016 als Vizekapitän des amerikanischen Teams im amerikanischen Hazeltine ins Spiel brachte, deutete auf einen Haltungswechsel hin. Woods, der ewige Einzelkämpfer, war eigentlich nie der Typ, der sich unterordnen konnte. Die Position des Vizekapitäns schien nicht gerade für ihn gemacht zu sein. Doch die Ryder-Cup-Woche in Hazeltine zeigte: Der Mann genoss die Aufgabe – die ewigen Krisen hatten aus dem Egozentriker einen Teamplayer gemacht – eine Wandlung, die in der Öffentlichkeit zu einem Sympathieschub führte.

Mit der Tigermania im Jahr 2018 kam das Vergessen alter Sünden. Längst hatte die Golfszene Tiger Woods seine Skandale und privaten Ausrutscher vergeben. Im Gegenteil – der Versuch, elf Jahre nach dem Gewinn der U.S. Open im Jahr 2008 noch einmal einen Majorsieg nachzulegen, sorgte für Aufregung, für Furore, einen Medienhype wie selten zuvor. Dass Woods sich dabei für Augusta National und das Masters als Schauplatz des Spektakels entschied, war kein Wunder. Dies ist bis heute seine sportliche Heimat, der Ort seiner ersten Triumphe. Hier kennt er jedes Grün, jeden Baum, jeden Fairway-Knick wie im Schlaf. Im April 2019 ging das Unternehmen Majorsieg Nummer 15 in die nächste Runde. Es wurde zum Erfolg.

Der fünfte Masters-Sieg in Augusta war eine Demonstration von Stärke – solide herausgespielt mit Runden von 70, 68, 67 und 70 Schlägen zu einem Gesamtergebnis von 13 unter Par. Er habe so gut geschwungen wie schon lange nicht mehr, erklärte Woods diese Bilanz. Mit seinem Erfolg bei der Tour Championship 2018 im East Lake Golf Club bei Atlanta habe er das nötige Selbstvertrauen getankt, bei seinem Kampf um den Titel bei der Open 2018 die Gewissheit gewonnen, wieder bei Majors siegen zu können. „Ich weiß, dass ich immer noch das Gefühl in den Händen haben", sagte er.

Die Statistik der vier Turniertage des Masters gab ihm recht. In der Auswertung der Daten für „Grüns in Regulation" war Woods mit mehr als 80 Prozent getroffener Grüns die Nummer 1. Er hatte neun Bogeys gespielt, aber auch 22 Birdies. Am Ende war er einen Schlag besser als Dustin Johnson, der zum Sieg des 43-Jährigen sagte: „Es ist unglaublich." Ebenfalls Zweiter wurde Xander Schauffele, der zum Thema Tiger Woods erklärte: „Ich habe ihn als Kind immer im Fernsehen angesehen. Dass ich heute gegen ihn gespielt habe, ist unfassbar." Geschlagen war auch Brooks Koepka, der am Ende des Tages ebenfalls als geteilter Zweiter vor dem Clubhaus stand und meinte. „Unfassbar, wenn man sieht, was er alles durchgemacht hat."

Am beeindruckendsten aber waren die Emotionen der Zuschauer, die Woods eine Turnierwoche lang hochkochen ließ. Stehende Ovationen, laute Jubelschreie, die fast schon unfair einseitige Unterstützung, die Tränen in den Augen der Zuschauer am 18. Grün. Das alles zeigte Respekt für einen Mann, der sich im Verlauf der 22 Jahre zwischen seinem ersten und seinem fünften Majorsieg extrem verändert hatte.

„Es war immer klar, dass er noch gewinnen konnte", hat sein Counterpart Jack Nicklaus, der einzige Golfer, der mit 18 Majorsiegen noch mehr große Titel zählt als er, beim amerikanischen Golf Channel das Comeback von Woods erklärt. „Es spielt auch keine Rolle, dass er den Drive nicht ganz gerade schlägt, weil er das noch nie getan hat. Aber er spielt einfach die besten Eisen der Welt, und er hat das nötige Gefühl in den Händen."

„Ich glaube nicht, dass es jemals einen Spieler gab, der so viel Talent hatte, wie er", kommentierte der inzwischen 79-Jährige die Karriere des Amerikaners. „Hogan war der Spieler mit dem erstaunlichsten Spiel zwischen Abschlag und Grün, das ich jemals gesehen habe. Snead war der größte Athlet, der jemals Golf gespielt hat, mit einem beachtlichen Schwung, der überdauerte." Nicklaus, so Player, habe einfach das kompletteste Spiel gehabt. „Wenn Tiger nicht seine Probleme gehabt hätte, und davon gab es einige, hätte er 20 oder 21 Majors gewonnen. Da gibt es keinen Zweifel."

Für Tiger Woods selbst war der Sonntag seines großen Comebacks nicht der Anlass, um über verpasste Möglichkeiten zu sprechen. Er versuchte vielmehr das, was er selbst nicht mehr geglaubt hatte, in Worte zu fassen. „Es ist irreal", waren seine ersten Worte in der Pressekonferenz im Media-Center von Augusta National.

Stunden später, der Abend war längst angebrochen, verließ er in seinem schwarzen SUV mit Joe La Cava die leere Anlage. Im Gepäck ein Grünes Jackett, einen Pokal in der Form des Clubhauses des Augusta National Golf Club und die gelbe Fahne vom 18. Loch. Als Beweis dafür, dass real ist, was sich so irreal anfühlt.

# Bernhard Langer

*Der ewige Perfektionist*

Einmal traf ich ihn kurz vor Einbruch der Dunkelheit: Der Rummel vor dem Clubhaus des Augusta National Golf Club hatte sich gelegt. Die US-Flagge vor dem Gebäude hing schlapp herab. Kein Luftzug ging, endlich herrschte Stille zum Schluss eines wie immer lauten und aufgeregten Turniertages. Das Ende der Driving Range war im ausgehenden Licht nur noch schwer zu erkennen, kein Spieler weit und breit war nach diesem ersten Spieltag des Masters, des ersten Majorturniers im Jahr, in Sicht. Nur einer stand im Übungsbunker und spielte konstant die Bälle heraus – weich und hoch. Weich und hoch. Immer wieder. Endlos oft. Im Golfsport gibt es nur zwei Personen, die für solch eine Situation als Hauptdarsteller infrage kommen: Vijay Singh und Bernhard Langer. Die Unermüdlichen, die Endlostrainierer. Zwei Profis auf der permanenten Suche nach der Perfektion.

An diesem Abend im April war es Bernhard Langer, der an seinem Bunkerspiel arbeitete. Man hat den Deutschen wegen seiner methodischen Herangehensweise, seiner immerwährenden Suche nach einem passenden Schwung und wegen seiner deutschen Herkunft oft den ultimativen Mechaniker genannt. Aber wer ihn an diesem Abend beobachtete, fühlte sich eher an pures Zen erinnert als an das sture Abarbeiten eines Bewegungsmechanismus. In diesem Moment schien Langer eins mit seinem Spiel zu sein – und drumherum verschwand Augusta National in der Dämmerung.

Es gibt viele Gründe, Golfprofi zu werden: das Sammeln von Titeln, der Gewinn von Millionen an Preisgeldern, der Ruhm und das Ansehen in der Öffentlichkeit. In einigen wenigen Fällen ist es die pure Leidenschaft für den Sport, die einen Spieler über Jahrzehnte an den Profisport bindet. Bernhard Langer gehört in diese Kategorie. Wer den Kreis seiner Kollegen betrachtet, wird feststellen, dass von all jenen Stars, die seine mehr als 40-jährige Karriere mitgeprägt haben, nicht viele geblieben sind, mit denen er noch heute bei den Turnieren weltweit die Runden dreht. Nick Faldo, sechsfacher Majorsieger, ist TV-Kommentator und auf dem Platz nicht mehr konkurrenzfähig. Der brillante Spanier Seve Ballesteros starb 2011 an einem Gehirntumor. Sandy Lyle und Ian Woosnam, die Recken aus Großbritannien, haben sich auf ihr Altenteil zurückgezogen. Zusammen mit Bernhard Langer waren sie ab 1979 die Big Five – jene fünf Spieler, die Europas Golfsport international wettbewerbsfähig machten, Majorsiege holten und die lange Dominanz der Amerikaner in der Profiszene beendeten. Als aktiver Spieler aus dieser Gruppe ist nur Langer geblieben, den der Golfsport noch heute genauso fasziniert wie vor 50 Jahren.

Seine Geschichte, oft erzählt, begann als Caddie im Golfclub Augsburg-Burgwalden. „Als mein Bruder 13 oder 14 war, fuhr er mit dem Fahrrad zu unserem Golfplatz, um da ein paar Mark zu verdienen", erinnerte sich Langer vor einigen Jahren. „Ich war damals neun und ziemlich überrascht, als er mit ein paar Mark nach Hause kam." Der kleine Bernhard, der zu Hause wie die anderen zwei Geschwister nie verwöhnt wurde, weil der Vater als Maurer und die Mutter als Bedienung nur wenig verdienten, nahm den gleichen Job an. Aus seiner ersten Motivation zum Golf, dem Geldverdienen, wurde eine Besessenheit, die bis heute hält. Wie der Junge, der sich mit seinem Bruder zuerst ein Holz, zwei Eisen und einen Putter teilen musste und trotzdem sein Spiel auf Spitzenniveau brachte, kann auch der alternde Profi Langer noch scheinbar endlos an den Faktoren seines Spiels drehen, um am Ende zu einem perfekten Ergebnis zu kommen.

Bei den Masters im April 2016 erschien Langer mit einem Stapel Putter im Gepäck. Kurze und lange Schäfte, dicke und dünne Griffe, alles bunt gemischt. „Ich habe seit Beginn des Jahres etwa 25 bis 30 Stück ausprobiert", lautete seine wie immer unaufgeregte Erklärung. Sein Caddie schleppte stets mehrere Exemplare im Bag über die Proberunden. Langer hatte Handlungsbedarf, nachdem die Regel-Offiziellen des Golfsports in dem Jahr die Vorgaben beim Putten geändert hatten. Die sogenannten Besenstil-Putter mit langem Griff, die auch Langer seit Jahren benutzt, dürfen seitdem nicht mehr am Körper verankert werden.

Probleme wie dieses fordern den Analytiker Langer heraus. Ebenfalls betroffene Kollegen wechselten zu einem kurzen Putter. Langer fand wie so häufig eine sehr eigene Lösung. Am Ende spielte er auch 2016 in Augusta beim Masters mit einem langen Besenstil-Putter – er hielt den Griff aber ein kleines Stückchen vom Oberkörper entfernt. Die Methode war seltsam, aber regelkonform und effizient. Am Finalsonntag hatte er sogar Chancen auf den Sieg – als 58-Jähriger hätte er damit alle Altersrekorde gebrochen.

„Es wäre ein Sieg für die alten Jungs", meinte er selbst dazu. Langer, der zuerst 1985 und dann 1993 das Grüne Jackett für den Sieger in Augusta gewann, war stets fest davon überzeugt, dass irgendwann ein Spieler, der älter als 50 ist, zum ersten Mal einen der vier Majortitel gewinnen würde. Seine Konkurrenten wären kein bisschen überrascht gewesen, wenn es Langer selbst gewesen wäre.

Wer sich dem blonden Bayern, dessen eigentliche Heimat längst Boca Raton in Florida ist, von Weitem nähert, ist nach wie vor erstaunt: Dünn und durchtrainiert wirkt er, muskulös und topfit, selbst mit über 60. Erst wenn man ihm gegenübersteht, lassen die Falten im tief gebräunten Gesicht sein Alter erkennen. Sein Spiel jedenfalls verbesserte sich als Senior eher noch. Sein Score nach der dritten Runde der Masters 2016 war gerade einmal einen Schlag höher als jener aus dem Jahr 1985, als er hier als erster Deutscher einen Masters-Sieg holte.

Es fasziniert, die Übermacht des Deutschen bei den Senioren zu verfolgen. Majorsieg reiht sich an Majorsieg, Erfolg an Erfolg. Die Konkurrenz zieht den Hut vor der Fitness, der Genauigkeit, der Detailbesessenheit des Mannes. Weitsichtigkeit wäre wohl der Begriff, den Bernhard Langer selbst wählen würde. Während er schon als 30-Jähriger die Abende nach der Turnierrunde im Fitnessraum der Hotels verbrachte, versammelte sich ein Großteil der Kollegen an der Bar. Den Begriff „Superfood" gab es noch nicht, da kannte Langer die Nähr- und Fettwerte der Lebensmittel schon in- und auswendig. Elektronische Entfernungsmesser für Golfplätze waren noch nicht erfunden, so mancher Profi spielte die Löcher lieber nach Gefühl als nach exakter Länge, da verlangte der Deutsche von seinem Caddie vor jedem Turnier auf den Meter genaue Skizzen von Grüns, Bunkern und relevanten Hindernissen. Der Begriff Zufall spielt in der Arbeitswelt des Bernhard Langer nicht wirklich eine Rolle. Sein Erfolg basiert zu einem wesentlichen Teil darauf, dass er alle Faktoren seines Spiels so weit wie möglich selbst bestimmt.

„Ich würde Entscheidungen niemals den Spielern überlassen", erklärte er zum Beispiel sein Erfolgsrezept als Ryder-Cup-Kapitän. 2004 gelang ihm beim Ryder Cup in Detroit in Oakland Hills als Kapitän Europas mit 18,5 zu 9,5 der bis dato höchste Sieg aller Zeiten. Es war ein Erfolg, der auch darauf basierte, dass der Stratege Langer es schaffte, seine zwölf Mann wie an der Schnur durch die Gegend zu dirigieren und ihnen gleichzeitig das Gefühl zu geben, selbstbestimmt zu sein. „Man muss sich im Klaren sein, dass es zwölf Individualisten sind, die alle ein gewisses Ego haben", analysierte er das Prinzip in Ruhe. „Die will man nun innerhalb von wenigen Tagen zu einem Team machen und außerdem bei Laune halten. Schließlich gibt es ja immer Spieler, die etwas aussetzen müssen. Das Warum muss man diesen dann so erklären, dass sie, wenn sie dann endlich dran sind, immer noch 100 Prozent geben."

Manchmal allerdings gleiten selbst ihm die Dinge aus der Hand. Zweimal im Verlauf seiner Karriere musste er Yips bekämpfen. Das unkontrollierbare Zucken der kleinen Handmuskeln macht jeden Meterputt zum Vabanquespiel, jede Runde zur Lotterie. Mit der Entwicklung des Krallengriffs beim ersten Mal, dem Wechsel zum Besenstil-Putter in den vergangenen Jahren hat er am Ende die Probleme bewältigt. „Man weiß nicht, wie lange es dauert. Manchmal kann es Monate anhalten", beschrieb er den Zustand 2015.

Krisen im Sport sind eben allgegenwärtig. Manche Situationen ruinieren ganze Karrieren. Bernhard Langer hat seinen schlimmsten Fall 1991 am 18. Grün des Ocean Course von Kiawah Island erlebt. Es war der Schlusstag des Ryder Cup, eine Runde vollgepackt mit Emotionen. Im letzten Match am letzten Loch fiel die Entscheidung. Gegen den Amerikaner Hale Irwin hätte Langer mit einem verwandelten kurzen Putt aus weniger als eineinhalb Metern den Sieg Europas sichern können. Der Ball aber lief am Loch vorbei. Langer sank schmerzverzerrt in die Knie – Millionen Menschen an den Fernsehern weltweit erlebten sein Desaster.

„Es wäre ja einfach zu sagen, warum hat Gott mir bei diesem Putt nicht geholfen?", erklärt er in einem CNN-Interview Jahre danach mit einem ruhigen Lächeln. Manch andere Karriere wäre an diesem Putt gescheitert – Langer hat sie vielleicht deshalb überstanden, weil er sich als gläubiger Christ versteht. Auch wenn er damals ein wenig mit seinem Glauben gehadert hat: „Es gibt Phasen im Leben, da fühlt man sich näher zu Gott hingezogen oder der Glaube wird erschüttert. Das war sicherlich so eine Situation."

Der Deutsche hat kein Problem damit, über seinen Glauben zu sprechen. Im Gegenteil, er ist einer jener Profis, die regelmäßig zu den Bibelkreisen während der Turniere kommen, gehört zum Kuratorium von Pro Christ, die sich als überkonfessionelle Evangelisationsbewegung versteht. 1985, drei Tage nach seinem ersten Masters-Sieg, hat er den Glauben in einem Bibelkreis, zu dem ihn der Kollege Bobby Clampett einlud, für sich entdeckt. „Als ich mich dafür entschieden habe, wurde das zu einem großen Teil meines Lebens: wie ich Menschen behandle, wie ich die Welt betrachte oder die Politik. Es beeinflusst alles."

In den USA, wo er lebt und die meiste Zeit arbeitet, wird über seine Religiosität offener gesprochen als hierzulande. Langer, für viele Fans der ultimative Golfer und weit mehr ein Superstar als in Deutschland, ist in seiner Beharrlichkeit und Geduld vielleicht auch nur zu verstehen, wenn man seine Verankerung im Glauben berücksichtigt. „Wir sind da draußen, und die Uhr tickt. Wir versuchen, das Beste daraus zu machen", versuchte er einmal seine Einstellung zu seiner Karriere als Profis bei den Senioren zu erklären. „Ich liebe Golf. Ich liebe den Wettbewerb. Ich bin zum Glück gesund, habe eine ordentliche Technik und einen soliden Kopf." Das ist perfekt, aber es muss nicht auf Dauer so bleiben: „Im Hinblick auf meinen Glauben kann es gut sein, dass ich morgen alles zusammenpacke und etwas ganz anderes tue, wenn mein Gott das von mir will. Im Moment ruft er mich aber da raus, damit ich Golf spiele." Welch ein Glück für diesen Sport.

# Martin Kaymer

*Der Majorsieger mit*
*dem Promi-Problem*

Das Dasein als deutscher Weltstar im Golf hat zwei Seiten: Die erste ist eigentlich wundervoll. Weil Bernhard Langer, der einzige Star, den Golf-Deutschland lange vorzuweisen hatte, seit Längerem auf der Senioren-Tour spielt, bleibt für den zweiten Majorsieger im Lande, Martin Kaymer, eigentlich das gesamte Rampenlicht. Das ist schön, wenn man an den Abschluss von Sponsorenverträgen denkt oder Antrittsgelder bei Turnieren. Die Kehrseite der Medaille aber wird deutlich, wenn der Weltstar Kaymer zeitweise womöglich kein Weltklasse-golf spielt. Dann nämlich steht er noch immer im Rampenlicht – und das ist manchmal nicht so angenehm.

Wer einen Blick auf die Karriere des Martin Kaymer aus Mettmann in Nordrhein-Westfalen wirft, der als Jugendlicher ein wenig mit einer Fußballerkarriere liebäugelte und dann doch beim Golfsport blieb, wird immer wieder auf diesen einen Widerspruch stoßen: auf der einen Seite der Ehrgeiz und der Wille zu den Besten der Welt zu gehören – auf der anderen Seite das Unbehagen, mit den Nebeneffekten des Lebens als Prominenter zurechtkommen zu müssen. Martin Kaymer ist im Jahr 2020 für die deutsche Golf-Öffentlichkeit die Nummer 1: zweifacher Majorsieger, Ex-Weltranglistenerster, der Langer-Nachfolger. Er ist das Gesicht des deutschen Golfsports. Wenn er bei einem Turnier in Deutschland antritt, bedeutet das für ihn Pressekonferenzen in Serie, Autogrammjäger an jedem Loch, Anfragen nach Selfies, Zuschauertrauben an den Abschlägen.

Solcherlei Aktivitäten aber sind eigentlich nicht sein Ding. Er war nie der Typ, der sich ins Rampenlicht drängte. Früher, zu Amateurzeiten, als er noch für die deutsche Nationalmannschaft spielte, stand er oft allein auf der Driving Range und trainierte vor sich hin. Er war ein erstklassiger Spieler, aber unauffällig – zumindest für Außenstehende, die sich nicht intensiv mit ihm befassten. Fanny Sunesson aber, lange Jahre Caddie des sechsfachen Majorsiegers Nick Faldo, die der Deutsche Golf Verband ab und an zu Lehrgängen der Nationalmannschaften verpflichtete, fiel Kaymer auf, weil er ihr Löcher in den Bauch fragte und auch dann noch beim Bälle schlagen auf der Driving Range stand, wenn es in Strömen regnete. Er arbeitete mit System und konstant – eine Herangehensweise, die ihn über die nächsten Jahrzehnte prägen sollte.

2005, als er den Sprung ins Profilager machte, in der ersten Saison auf Anhieb auf der drittklassigen EPD-Tour eine 59er-Runde spielte, dann zwei Turniersiege auf der Challenge Tour holte und im Schnelldurchgang die Qualifikation für die PGA European Tour schaffte, wirkte er ein wenig erstaunt über sich selbst. „Damals hatte ich den Vorteil, dass ich noch nicht so viel gedacht habe wie heute", resümierte er Jahre später in einem Interview, das wir führten. „Ich habe mir viel weniger Gedanken über mein Spiel und meinen Score gemacht." Und: „Das war einfach der Tag, an dem alles zusammenlief."

Der Hype um den hochgewachsenen, dünnen Nachwuchsgolfer aber nahm mit dieser Rekordrunde von 59 Schlägen seinen Anfang, auch wenn die Familie Kaymer den Ball erst einmal flach zu halten versuchte. Der Jungprofi hatte keinen Manager, keinen PR-Berater – Vater Horst übernahm die Geschäfte. Und der erste Winter vor dem Start auf der European Tour war vor allem eines für Martin Kaymer: Arbeit. „Ich habe (...) die Winterzeit dazu genützt, mehr zu trainieren als alle anderen. Die anderen denken ja immer, da könnte man mal in den Skiurlaub fliegen und sich entspannen, weil man so eine anstrengende Saison hatte. Das ist ein Riesenfehler. Das ist genau die Zeit, in der man hart arbeiten muss, weil alle anderen zu Hause auf der Couch sitzen und sich den Gänsebraten reinhauen. Da muss man arbeiten, um einen guten Saisonstart zu erwischen, sofort Motivation zu sammeln und den einen oder anderen Euro zu erspielen, damit man die Tourkarte behält", analysierte er selbst seinen Start in die erste Liga, der außergewöhnlich war.

Er gewann 2007 sofort den Sir Henry Cotton Rookie of the Year Award für den besten Newcomer auf der European Tour und beendete die Saison auf Platz 41 der Geldrangliste mit mehr als 750.000 Euro Preisgeld. Die nächsten acht Jahre rutschte er nicht aus den Top 50 der Welt.

2008 holte er den Titel bei der BMW International Open in München kurz nach dem Tod seiner Mutter, sein „emotionalster Sieg", sagt er noch immer. Kaymer gehört inzwischen zur Spitzengruppe Europas – und sein Majorsieg 2010 im amerikanischen Whistling Straits veränderte endgültig alles: „Ich habe nicht von mir erwartet, dass ich mit 25 Jahren ein Major gewinne", rekapitulierte er den Erfolg 2014, als er auch noch die US Open gewonnen hatte. „Ich war erstaunt über mich selbst."

Deutschlands Golfszene war es auch. Vor allem aber war sie begeistert: Martin Kaymer war der Erfolgsmann mit System, ein junger Typ, der so gar keine Flausen zu haben schien, auf den man sich verlassen konnte. „German machine" nannte ihn der eine oder andere amerikanische Journalist. Dieser ruhige Profi aus Mettmann war kein verrücktes Balltalent wie Bubba Watson, den er im Playoff der US PGA Championship von Whistling Straits besiegt hatte, sondern ein systematischer Spieler mit erstklassigem langem Spiel, großer Beharrlichkeit sowie einer ziemlich schnellen Auffassungsgabe.

Letztere führte dazu, dass Kaymer im Verlauf seiner jungen Profikarriere sehr schnell seine

Defizite erkannte und anfing sie auszumerzen. „Ich will mehr Golf in Amerika spielen", ließ er im November 2010 wissen. „Um ein besserer Spieler zu werden, muss ich auf unterschiedlichen Kontinenten, in unterschiedlichen Staaten und verschiedenen Ländern spielen." Er nahm die volle Mitgliedschaft auf der US PGA Tour an und drehte Europa erst einmal den Rücken. Das unbekannte Putten und Chippen auf dem in den USA üblichen Bermudagras war eine Herausforderung – Kaymer zog nach Arizona und begann wie verrückt zu trainieren.

Den Anschluss an die Weltspitze schaffte er wie im Flug. 2011 war er die Nummer 1 der Welt. Der Rummel um seine Person war riesig. Zu viel für einen, der keinen Wert auf viel Präsenz in der Öffentlichkeit legt. „Ich konnte mit vielen der Dinge, die in Deutschland passierten, nicht umgehen", gab er zu. „Das war alles viel zu viel. Um ehrlich zu sein, das alles zu verkraften und gleichzeitig gutes Golf zu spielen, war extrem schwierig." Kaymer verlor den Fokus und die Form. Sein Start beim Masters in Augusta im April 2011 geriet zu einer Katastrophe, was auch damit zu tun hatte, dass ihm der Platz sowieso bis heute nicht sonderlich liegt. Es ist, wie er selbst sagt, die „größte sportliche Herausforderung, die ich je hatte", mit einem Layout fertigzuwerden, das seinem Spiel von Grund auf eigentlich nicht entgegenkommt. Kaymer verpasste also den Cut – und das Versagen des deutschen Weltranglistenersten wurde in sämtlichen Golfgazetten der Welt aus jedem nur möglichen Blickwinkel beleuchtet.

Nach einem Aufstieg, der wie ein Golfmärchen erschien, erlebte der junge Deutsche zum ersten Mal Ernüchterung. Er fing an seinen Erfolg zu relativieren, die Position des Weltranglistenersten, so erkannte er, hat seine Tücken. „Fest steht, dass, wenn man wirklich auf die Weltrangliste achtet und wenn einem die Weltrangliste wichtig ist, man dann da sehr schnell sehr viel Druck aufbauen kann. Und den Druck von außen, den spürt man auch. Der kommt von den Medien, von den anderen Spielern, weil einfach immer darüber gesprochen wird. Das Gefühl ganz oben an der Spitze ist also eigentlich kein anderes, aber es ist einfach sehr schwer, konstant immer sehr gutes Golf zu liefern. Da baut sich Druck von anderen auf, der sich aber durchaus auf das eigene Spiel auswirken kann." Als Kaymer dies 2011 bei der PGA Championship in Wentworth in einem Gespräch erzählt, hat er die Spitzenposition bereits wieder abgegeben.

Die nächsten Jahre werden schwierig, weil ein Konflikt offenkundig wird: Martin Kaymer will internationales Spitzengolf spielen – aber nur bedingt das damit verbundene Leben führen. Die Begehrlichkeiten von Fans, Turnierveranstaltern, Sponsoren und Presse sind ihm oft zu viel. Er weiß, dass das Leistungsniveau auf der amerikanischen PGA Tour höher ist als in Europa, andererseits aber will er nicht immer in Amerika leben. „Golf kann nicht alles sein", erklärte er 2013 vor der BMW International Open in München bei einer denkwürdigen Pressekonferenz, zu der er ins Seehaus im Englischen Garten eingeladen hatte. Er brauche ein Stück deutsche Normalität, „ab und zu Wäsche, die nach Persil riecht" oder Weihnachten „eine Gans essen mit Rotkohl und Knödel". Und überhaupt wolle auch er „einmal Erdbeeren pflücken gehen wie alle anderen".

Es verging noch fast ein Jahr, bis sich das Blatt wieder wendete und aus Kaymer dem Haderer, wieder Kaymer der Sieger wurde.

Als der Wechsel kommt, ist er wieder einmal fulminant. Der Deutsche gewinnt 2014 zuerst die Players Championship in Ponte Vedra Beach in Florida und legt dann noch den Sieg bei der U.S. Open in Pinehurst nach. Er ist zurück in der Weltspitze, mit zwei Majorsiegen einer der Besten, die Europas Golfszene aufzubieten hat. Und in Deutschland hofft man, der Glanz der Siege Kaymers könne ein wenig auf die ganze Sportart abfärben und dieser mehr Präsenz sowohl im Fernsehen als auch in der breiten Öffentlichkeit verschaffen.

Kaymer ist längst Profi, was diese Erwartungshaltungen anbelangt. Bei den Olympischen Spielen in Rio de Janeiro 2016 lieferte er eine erstklassige Vorstellung als Golfbotschafter ab. Bei der Eröffnungsfeier im Maracana-Stadium schob man den 31-Jährigen im deutschen Sportlerteam in die vorderen Reihen, damit ihn auch alle Fernsehzuschauer sahen. Golf mag in Rio de Janeiro ein relativ neuer Sport bei den Olympischen Spielen gewesen sein – der Golfer Martin Kaymer aber hatte im deutschen Fernsehen einen weit höheren Wiedererkennungswert als jeder Ruderer oder Leichtathlet.

Für ihn selbst waren die Olympischen Spiele einer der Höhepunkte seiner Sportkarriere. All die anderen Sportler und Sportarten so nah zu verfolgen, das war ganz sein Ding. „Wenn da die Nationalhymne von allen Sportlern gesungen wird, das ist schon noch was anderes", gab er zu. Eine Gänsehaut habe er bekommen. Der

Golfer Kaymer – eigentlich verankert in seiner Individualsportart – spürte bei Olympia den Reiz einer Teamveranstaltung.

Emotionen wie diese hat er sonst nur beim Ryder Cup kennengelernt, den er von 2010 bis 2016 vier Mal in Folge spielte. Ein überaus emotionaler Spieler war er auch da nie, keiner, der wie die Kollegen Rory McIlroy oder Ian Poulter aufgepumpt vom Adrenalin über die Fairways stürmte. Trotzdem war gerade er es, der 2012 in den USA den entscheidenden Putt zum Sieg Europas lochte, als er in seinem Einzel Steve Stricker besiegte. Der Rausch der Gefühle, den man im Anschluss bei dem Deutschen beobachten konnte, war ungewöhnlich. In die Deutschlandfahne gehüllt, ließ er sich feiern, jubelte Fans und Freunden zu. Es war ein ungewöhnlicher Emotionsausbruch für einen, der stets versucht, während seines Jobs als Golfprofi möglichst wenig nach außen dringen zu lassen.

Nach mehr als 15 Profijahren gibt es längst den Golfer Kaymer und den Privatmann Kaymer, beide fein säuberlich getrennt. Der Sportler ist zwischendrin sogar aus den Top 150 der Weltrangliste gefallen, hat seinen letzten Turniersieg 2014 geholt und gelernt, ein Spieler in der zweiten Reihe zu werden. Die automatische Qualifikation für jedes Major-Turnier, jede World Golf Championship ist dann dahin. Verletzungen, Formtiefs, Rückschläge: Viele der Tiefs, die das Leben eines Berufssportlers ausmachen, erlebt der Deutsche nicht wie viele andere zum Beginn der Karriere, sondern erst jetzt nach einem langen Höhenflug.

Blickt man aber hinter die Zahlen und Positionen, um die es in Ranglisten und Qualifikationen geht, so bleibt vor allem eine Erkenntnis: So tief der Absturz gewesen sein mag, so ungewöhnlich ist dieser Martin Kaymer trotzdem als Spieler, weil er mehrfach im Verlauf seiner Karriere Weltklasse war und aus dem großen Feld der Durchschnittsspieler deutlich herausragte. Der eine oder andere Athlet erreicht solch einen Zustand vielleicht irgendwann im Verlauf seiner Karriere, weil alle Umstände glücklich zusammenpassen. Wenn jemand wie Kaymer mehrfach und über einen längeren Zeitraum derartig überzeugt, ist es Können und nicht Zufall.

Bei der U.S. Open 2014 zum Beispiel war der Deutsche schlicht unbesiegbar. Ein Ausnahmeathlet mit Drives, die auf den Punkt geschlagen wurden, viel Aggressivität und einem Riecher für das richtige Spiel. Allesamt Eigenschaften,

die man sehr selten findet. Sie machen Majorsieger aus, solche wie Martin Kaymer.

# Rory McIlroy

*Ball-Artist*
*und Businessman*

Es gibt diese Geschichte vom kleinen, wild-gelockten Rory McIlroy, der eines Tages in der St. Patrick's Primary School im nordirischen Holywood nicht wirklich bei der Sache wirkte und auf diese Unaufmerksamkeit von seiner Lehrerin Miss McCullough angesprochen wurde. Die Antwort des Schülers, der bekanntlich schon als Dreijähriger ziemlich gekonnt Golfbälle passgenau in die Waschmaschine seiner Mutter schlug, klang so: „Keine Angst Miss McCullough, ich werde schon zurechtkommen." Jahre später, McIlroy kam inzwischen tatsächlich finanziell gut zurecht und war außerdem ein Superstar des Golfsports, traf er seine alte Lehrerin bei einem Golfturnier wieder. Miss McCullough half bei dem Golfturnier in Nordirland am Platz als Marshall aus, bei dem ihr einstiger Schüler der Zuschauermagnet war. Als McIlroy seinen Ball dorthin schlug, wo die Lehrerin stand, schaute er kurz zu ihr auf, lachte und sagte. „Hallo, Miss McCullough, wie geht's denn so?"

Der Multimillionär und Superstar ist sich in vielerlei Hinsicht treu geblieben. Seine Frau Erica ist Amerikanerin, längst lebt er in Florida auf Jupiter Island – aber an der Heimat Nordirland, seinen alten Freunden, den bekannten Orten hängt er noch immer.

Für die Menschen in Holywood ist McIlroys Karriere eine fantastische Geschichte: Ein begnadeter kleiner Golfer, für dessen Karriere Eltern Nachtschichten einlegen und doppelte Jobs absolvierten, wird zu einem der größten Verdiener im Golfsport und einem der 50 Topverdiener im Sport des Jahres 2019. Als er in diesem Jahr mit gerade einmal 30 Jahren zum zweiten Mal die Tour Championship in Atlanta gewann und den Jackpot von 15 Millionen Dollar abräumte, war seine Reaktion nüchtern. „Das war bisher eine ganz gute Saison", sagte er.

Rory McIlroy, so heißt es aus dem Kreis der Kollegen und deren Coaches, habe das Selbstbewusstsein eines Riesen – aber eben auch ein einfach begnadetes Spiel. Er ist eines jener Naturtalente, die mit dem Ball schier nach Belieben zaubern – einer wie Severiano Ballesteros: ein Künstler mit eigenem Kopf. Mentales Training, Ausruhen, Strategieplanung – all das war nie sein Ding. Schon als Kind daheim im Holywood GC war er einfach ein Spieler, der schon als Achtjähriger mit den älteren Jungs auf dem Platz zockte. Als Zehnjähriger fuhr er zur Callaway Junior World Championships und wurde Neunter. Ein Jahr später gewann er das Turnier.

Wer eine glasklare, perfekte Amateurkarriere verfolgen will, muss sich seine ansehen. Er spielte Junior Ryder Cup, gewann 2006 die Europameisterschaften der Amateure, stellte als 16-Jähriger einen Platzrekord mit 61 Schlägen in Royal Portrush auf. Bei der British Open in Carnoustie 2007 war er ein leicht übergewichtiger, wildgelockter Teenager, der beherzt diesen doch so schweren Championship-Platz angriff. Er gewann die Silver Medal für den besten Amateur. Wer, wenn nicht er?

Als er 2007 ins Profilager gewechselt war, begann eine Karriere im Schnelldurchgang, die Experten längst vorausgesehen hatten. McIlroy bekam einen hochdotierten Vertrag beim Sportmanager Chubby Chandler und seiner Firma International Sports Management, Geld war schnell kein Thema mehr. 2009 gewann er sein erstes Turnier, die Dubai Desert Classic. Am 22. November 2009 war er unter den Top Ten der Welt angelangt – mit gerade einmal 20. Ein Jahr später gab er sein Debüt beim Ryder Cup. Wer glaubte, hier trete ein schüchterner Debütant an, täuschte. Für diesen Teamwettbewerb voll der Emotionen war dieser junge Mann wie gemacht. Er avancierte von Beginn seiner Ryder-Cup-Karriere an zu einer Führungsfigur und ist dies bis heute geblieben. Europas Ryder-Cup-Team ohne einen Rory McIlroy scheint im Moment undenkbar, zumal der junge Mann zwischendrin immer wieder mit aufsehenerregenden Extraeinlagen punktet. 2012 beim Ryder Cup im amerikanischen Medinah Country Club verpasste er beinahe seine Startzeit um 11.25 Uhr in den alles entscheidenden Einzeln. Er hatte eine Stunde Zeitverschiebung übersehen, morgens am Sonntag in Ruhe ein wenig Fernsehen geschaut, bevor die Organisatorin des Shuttle-Dienstes im Spielerhotel bemerkte, dass McIlroy nicht wie beabsichtigt schon Richtung Platz unterwegs war. Um elf Uhr klingelte man ihn aus seinem Zimmer, er bekam einen Platz in einem Polizeiauto, das ihn mit Sirene und Blaulicht zum Golfplatz fuhr. „Ich glaube nicht, dass ich mir jemals hätte verzeihen können, wenn ich mein Team und meinen Kapitän hier hätte hängen lassen", meinte er später in der Pressekonferenz. „Ich war so froh, dass ich noch zehn Minuten vorher da war; ich holte den Punkt für mein Team und am Ende haben wir gewonnen. Ich bin ja sowieso keiner, der zu früh zum Platz kommt. Eine halbe Stunde reicht mir, dann bin ich fertig. Ich mache mein Ding und spiele los."

Seine spätere Frau Erica lernte er übrigens bei dieser Gelegenheit kennen – wobei der Medienstar McIlroy zu diesem Zeitpunkt noch in einer Beziehung mit der Ex-Tennisweltranglistenersten Caroline Wozniacki lebte, der er allerdings 2014 bei einer Pressekonferenz im Rahmen der BMW PGA Championship im britischen Wentworth den Laufpass gab. Zu diesem Zeitpunkt waren bereits 300 Hochzeitseinladungen für die dreitägige Feier im Rockefeller Center in New York verschickt, der Verlobungsring hatte McIlroy 150.000 Euro gekostet. „Das Problem liegt bei mir. Die Hochzeitseinladungen haben mir klargemacht, dass ich nicht bereit bin, für all das, was eine Ehe erfordert", erklärte McIlroy vor laufenden Kameras. Er löste die Verlobung auf, ging raus auf den Platz und gewann das Turnier. Die Schlagzeilen in den Tageszeitungen waren ihm sicher.

Anders als Tiger Woods hat Rory McIlroy nie versucht, sich gänzlich der Öffentlichkeit zu entziehen. Im Gegenteil: Mit Kontroversen hat er kein Problem, schon deshalb genießt er einen festen Platz in den Medien. Politische Fragen zum Status Nordirlands diskutierte er in der Vergangenheit immer wieder, kritische Kommentare zu den Regularien und Abläufen der Profi-Touren gibt er häufig ab. Nein, Rory McIlroy ist keiner, der sich mit seiner Meinung versteckt. Unsympathisch wirkt er dabei nicht, weil die Öffentlichkeit den Eindruck hat, dass sich hier ein Mann treu bleibt.

Rein wirtschaftlich betrachtet, ist der Nordire längst eine eigene feste Größe im Golfgeschäft. Mit GolfPass, einem digitalen Abonnementdienst, brachte McIlroy Anfang des Jahre 2019 zusammen mit dem US-Sender NBC ein Produkt auf den Markt, über das er seine eigene Vermarktung steuert. Wer für 9,99 Dollar Mitglied wurde, bekam Unterrichtsmaterial von McIlroy und seinen Coaches, Interviews, Schwungsequenzen, empfohlene Produkte. Anderen Plattformen, egal ob im Fernseh-, Online- oder Print-Bereich, entzieht sich McIlroy zunehmend.

Und auch sein Management übernimmt er selbst. Die Firma Rory McIlroy Management Services Ltd mit Sitz in Dublin kümmerte sich schon um die Geschäfte des Golfstars, als dieser gerade erst Anfang 20 war. Sein Vater Gerry fungiert als Direktor. Fremdbestimmung durch eine externe Managementfirma schätzt McIlroy nicht.

Daher gilt auch auf den internationalen Golftouren: Rory McIlroy tritt auf, wann und wo er will, den nächsten Majortitel fest im Blick. Am Ende nämlich ist es immer noch der kleine weiße Ball, das Golfspiel, das ihn bewegt. Einer der prägendsten Momente bei allen seinen Erfolgen wohl der Finaltag des US Masters 2011. Die Bühne schien bereit für seinen ersten Majortriumph, als er in die Schlussrunde mit vier Schlägen Vorsprung startete. Auf eine dreitägige Präsentation voll von Brillanz folgte das Desaster am zehnten Loch, nachdem die Führung ohnehin auf einen Schlag dahingeschmolzen war. Nach einem ausgeprägten Hook links in die Bäume blieb nur noch ein Rettungsschlag zurück aufs Fairway. Er verpasste das Grün, spielte ein Triple-Bogey mit sieben Schlägen und verließ das Loch wie erstarrt. Die verbleibenden acht Löcher schien der Ire unter seiner tiefgezogenen Kappe zu verschwinden. Ein Bogey an Bahn elf, danach ein Vierputt zum Double-Bogey an Loch elf: Mit dem Gewinn des Grünen Jacketts für den Masters-Sieger hatte er da längst nichts mehr zu tun. „Wenn ich das nächste Mal in so einer Position bin, werde ich sie hoffentlich besser bewältigen", meinte er im Anschluss.

Lange warten musste er nicht: Zwei Monate später gewann er die U.S. Open im Congressional Country Club mit acht Schlägen Vorsprung, im August 2012 legte er mit dem Titel des PGA Champions nach. 2014 holte er noch einmal den Titel bei der PGA Championship und dazu den bei der British Open. Er wurde Weltranglistenerster, Player of the Year, gewann das Race to Dubai. Gleichzeitig kämpfte er aber auch immer wieder mit Putt-Problemen, dem einen oder anderen Versagen bei Turnieren. Nein, ein Perfektionist, der konsequent an einer Spielstrategie festhält, ist er eben nie gewesen. Dafür ein Ball-Artist, emotional und begnadet, intuitiv und wahrscheinlich deshalb auch sympathisch.

Entstanden ist auf diese Weise über die Jahre hinweg nicht nur das Bild von einem extrem erfolgreichen Sportler, sondern vor allem von einer Person des öffentlichen Lebens. Wer am Flughafen Belfast das Terminal betritt, geht durch eine Fotogalerie der bekanntesten irischen Personen. Das Bild von Rory McIlroy kommt gleich zu Beginn. Er ist immer noch sommersprossig, aber die wilden Locken sind zurechtgestutzt. Fest steht: Er kommt ganz gut zurecht, als Sportler und als Geschäftsmann.

# Se-ri Pak

*Als Korea anfing,*
*die Golfwelt zu erobern*

Der Kleinbus des Shuttle-Dienstes ist voll mit jungen Frauen. Ein Wagen voller Gekicher, Geschnatter. Ein Schwall asiatischer Worte und Sätze, von denen ich nichts verstehe, ergießt sich über mich. Als wir an diesem Donnerstag im August 2019 vom Treffpunkt vor dem Casino des kleinen Städtchens Evian-les-Bains hinauf in die Anhöhen fahren, fällt der Blick zuerst auf den Genfer See und bei unserer Ankunft auf das pittoreske Clubhaus des Evian Resort Golfclub. Ganz im Stil der Savoyen-Region, viel Holz, wunderhübsch. Der Rundblick auf meine Fahrgenossinnen allerdings lässt anderes vermuten als Frankreich – sechs asiatische Gesichter blicken mich an. Sechs Damen, die kurze Zeit später auf der Driving Range und dem

Putting-Grün stehen werden, um zu trainieren. Sie tragen Namen wie Mi Jung Hur, Mirim Lee oder Jin Young Ko, die diese Evian Championship, eines der fünf Majors im Damensport, übrigens am Ende auch gewinnen wird.

Sie alle sind Südkoreanerinnen – es sind bei Weitem nicht die einzigen sechs, die bei dieser Evian Championship antreten. Insgesamt 18 sind auf dem Feld. Am Ende stellen sie die Siegerin und drei weitere Top-Ten-Platzierte. Business as usual im weltweiten Damensport. Südkorea dominiert das globale Golf der Frauen. Wo ein Turnier der LPGA Tour, der weltweit bedeutendsten Profivereinigung für Damengolf stattfindet, verwandelt sich der Schauplatz für ein paar Tage in Kleinkorea. Koreanische Väter und Mütter, die ihre golfenden Töchter auf Schritt und Tritt begleiten, die auf der Clubhausterrasse sitzen und Rundenanalysen studieren. Mädchengolf ist in Südkorea ein Familienprojekt – es hat die Welt des Golfs revolutioniert.

Dominanz lässt sich im Sport einfach in Zahlen ausdrücken. In diesem Fall klingen sie so: 14 Damen aus den Top 30 der Weltrangliste waren im Februar 2020 Südkoreanerinnen, darunter die Weltranglistenerste Ko Jin-young. 15 von insgesamt 32 Turnieren der LPGA wurden 2019 von Südkoreanerinnen gewonnen, drei davon waren Majorturniere. Die Olympiasiegerin im Damengolf in Rio de Janeiro hieß Inbee Park, an deren Karriere sich nachvollziehen lässt, wie dieses südkoreanische Damenwunder entstanden ist.

„Wir sind extrem wettbewerbsorientiert, wir fangen ganz jung an zu spielen, wir werden von unseren Eltern wirklich gut unterstützt", fasste sie ihren Erfolg einmal gegenüber der britischen Zeitung „The Telegraph" zusammen. Und: Sie sah Se-ri Pak 1998 im Fernsehen, als sie die U.S. Women's Open und die PGA Championship in einer Saison gewann. Eine Profigolferin, die scheinbar aus dem Nichts erschienen war und die Golfwelt der Damen, bis dato eine Domäne der Amerikanerinnen, auf den Kopf stellte.

Als die 20-jährige Südkoreanerin, die kaum ein Wort Englisch sprach, 1998 von Erfolg zu Erfolg eilte, wurde wenig bekannt von einer Jugend, die diese Erfolge erst möglich gemacht hatte. Das Mädchen aus der Mittelklassefamilie passte eigentlich nicht so recht ins Bild der Golfszene in dem Land, dessen Golfclubs in den 90er-Jahren Aufnahmebeträge zwischen 200.000 und einer Million Dollar aufriefen.

Joon Chul Pak, ihr Vater, hatte Großes vor mit seiner zweiten Tochter. Dass er – wie so viele andere Väter in Südkorea – selbst die Rolle des Coaches übernahm, stand nie außer Frage. An den Tagen, die das Mädchen nicht in der Schule der Stadt Taejon verbrachte, fand man die beiden auf dem einzigen Golfplatz der Großstadt – bei Regen, bei Hitze, bei Hagel, bei Sturm. Manchmal waren ihre Haarspitzen in kleinen Eisspitzen erstarrt. Widerrede gegen die Eltern aber erlaubt die Gesellschaftsform Südkoreas nicht, weshalb Se-ri auf ihre Bälle schlug, unermüdlich.

Tausende Male rannte sie die Treppen im Elternhaus hoch, um die Fitness zu steigern, ab und an legte der Vater eine kleine Campingnacht auf einem Friedhof ein, um ihre mentale Stärke zu verbessern. Infrage gestellt hat der Vater sein eigenes Tun nie. „Die Leute in der Nachbarschaft und auf dem Golfplatz dachten, ich sei verrückt", erzählte er einem Reporter der „New York Times". „Meine Frau hatte Angst, dass ich Se-ri töten würde. Und das alles für ein Spiel, das in Korea nicht sonderlich populär ist."

Manchmal ermöglichen der Glaube an das Talent und das Prinzip harte Arbeit große Dinge. Se-ri wurde die beste Golferin der Keum-seong High School, die beste Amateurin des Landes, eine der erfolgreichsten Profigolferinnen der Welt. Und: Sie veränderte die Welt des Golfsports in einem Maße, wie es ansonsten nur noch Tiger Woods gelang.

Als die kleine neunjährige Inbee Park Se-ri Pak 1998 bei der Preisverleihung der U.S. Women's Open sah, wusste sie: Auch sie wollte Golfprofi werden. Mit zwölf bezahlten ihre Eltern den Umzug in die USA, von dort aus begann ihr Erfolgszug. Zehn Jahre nach dem Sieg Se-ri Paks sollte Inbee Park ihre eigene U.S. Women's Open gewinnen.

Südkoreanische Erfolgsgeschichten gibt es im Golfsport viele zu erzählen. In Kalifornien fing man zuerst an, sich an die Asiatinnen zu gewöhnen, die vermehrt in Golfclubs und bei Kinderturnieren auftauchten. Weil Kindergolf in den USA so viel erschwinglicher war als in den exklusiven Clubs Südkoreas zogen ganze Familien nach Amerika um, wenn sie es sich leisten konnten, oder schickten zumindest ihre Töchter auf eine amerikanische High School.

Inzwischen hat sich die Lage geändert. Wer den härtesten Wettbewerb im Golfsport beobachten will, reist ein paar Tage nach Seoul oder

in eine der anderen Großstädte Südkoreas, wo
Tausende Kinder tagtäglich stur auf Golfbälle
dreschen. Fast immer sind es die Mädchen, die
sich am Ende auf der Weltbühne durchsetzen,
weil Südkoreas Männer nach wie vor zwischen
19 und 31 Jahren einen eineinhalbjährigen Mi-
litärdienst leisten müssen und deshalb gegenüber anderen Nationalitäten beim Einstieg in
die Karriere benachteiligt sind.

Der Welterfolg der Damen in diesem Sport
hat zu Hause längst aus einem Nischenprodukt
ein Big Business gemacht. Die Einschaltquoten
für Golf in Südkorea sind spitze, die Preisgel-
der entsprechend hoch. Die Ladies Professional
Golf Association in Korea unterhält ihre eigene
Profitour, die nur für Südkoreanerinnen geöffnet ist. Das Gesamtpreisgeld lag 2019 bei mehr
als 20 Millionen Dollar, weshalb sich die Spiele-
rinnen des Landes auch erst dann über die Lan-
desgrenzen auf die amerikanische Tour wagen,
wenn sie glauben, sie könnten Majortitel gewinnen. Gut leben kann man auch zu Hause in Südkorea inzwischen vom Beruf eines Profigolfers.

Dass Südkoreanerinnen wie aus dem Nichts
auf der amerikanischen LPGA Tour erscheinen und sofort als Neulinge Titel abräumen,
ist längst normal geworden. Das Niveau im ei-

genen Land ist so hoch, dass der Wettbewerb mit Damen aus den USA oder Europa eben keine sonderliche Herausforderung darstellt. Die Konkurrenz dort fühlt sich dabei ab und an wie Statisten in einer rein asiatischen Show – so wie bei der World Amateur Team Championship 2017, als die Mädchen um Kapitänin Sang-won Ko konstant ihr Spiel abwickelten und am Ende mit 21 Schlägen Vorsprung vor allen anderen Ländern gewannen.

Erbarmen kennt der Wettbewerb im Sport nicht. Geduld und Ruhe ist in Asien selbst bei den großen Stars das Gebot der Stunde. Selbst Ex-Weltranglistenerste oder Olympiasiegerinnen, bekommen hier keinen Promibonus. Die Qualifikation für Südkoreas weibliches Olympiateam gilt als die härteste der Welt: „Ein Startplatz im amerikanischen Herrenteam ist auch schwer zu bekommen", resümierte Inbee Park im Januar 2020, als noch nicht klar war, dass die Olympischen Spiele 2020 in Tokio verschoben werden würden. „Aber im Damengolf ist es auf jeden Fall am schwersten, einen Platz in Südkoreas Team zu ergattern."

Die Asiatinnen sind es gewohnt, sich ihren Platz zu erkämpfen. Auch auf der LPGA Tour in den USA hat man ihnen lange das Leben nicht leicht gemacht. Englisch als Pflichtsprache bei Interviews wollte die eine oder andere Konkurrentin eingeführt haben, weil Interviews mit den Asiatinnen lange nur mit Dolmetscher möglich waren. Die Angst der Neulinge, sich mit zu schlechtem Englisch zu blamieren, war oftmals übermächtig. Als Golfroboter ohne Inspiration geschmäht, als auf Erfolg getrimmte Kinder ohne eigenen Willen abgestempelt, brauchten die Damen aus Südkorea ein paar Jahre, um sich gegen die Vorurteile ihrer Konkurrentinnen durchzusetzen, die von der asiatischen Erfolgswelle auf dem Golfplatz schlichtweg weggeschwemmt wurden.

Bei genauer Betrachtung allerdings stellt man fest: Die Seoul Sisters, wie sie sich selbst nennen, haben ihren Weg im internationalen Golfsport gefunden. Auf Instagram ziehen sie eine Heerschar von Hunderttausenden Fans an. In Sachen Mode haben sie längst ihren eigenen, farbenfrohen Stil kreiert, der wenig gemein hat mit einem klassischen Golf-Look. In der Gruppe versammelt, sind sie auf Turnieren längst eine Macht für sich, die sich bestens unterhält. Wo Se-ri Pak in der Rückschau auf ihre Anfangsjahre als Proette oft über Einsamkeit und den Kulturschock klagte, haben ihre Nachfolgerinnen sich längst perfekt eingerichtet in der Welt des Golfs.

Egal ob in den USA, England oder Frankreich gespielt wird: Wenn die Weltklasse des Damengolfs antritt, sieht der Turnierort immer ein wenig aus wie Kleinkorea.

# Projekt Wunderkind

*Die kleinen Stars
von heute und gestern*

Was tun, wenn man ein Wunderkind ist? Es sah aus wie ein perfekter Gänsemarsch: Zehn kleine Mädchen, perfekt aufgereiht auf der Driving Range. Wippende Pferdeschwänze, dünne Beinchen, angespannte Gesichter – es waren die Finalistinnen des Drive, Chip & Putt-Wettbewerbs 2014, die sich hier in der Kategorie „längster Drive" messen sollten. Im Premierenjahr des amerikaweiten Jugendgolfturniers lud der Augusta National Golf Club insgesamt 80 Kinder im Alter von sieben bis 15 Jahre am Sonntag vor dem Beginn des nach Augusta ein, um hier in vier Altersklassen die nationalen Sieger auszuspielen.

Lucy Li war unter ihnen. Sie trat an in der Klasse der zehn- bis elfjährigen Mädchen – und sie gewann, was Lucy Li selbst am wenigsten verwundert haben mag. Die kleine Amerikanerin mit asiatischen Wurzeln war Showkämpfe dieser Art zu diesem Zeitpunkt als klassisches Wunderkind längst gewohnt. Wer bei „Drive, Chip & Putt" bis ins Finale vordringt, sich in diesem Kinderwettbewerb mit mehreren Tausend Teilnehmern durchsetzt, gehört in der Regel zu jenen jugendlichen Golfern, die einen Großteil ihrer Freizeit mit Training und Turnieren zubringen. Homeschooling ist Standard, Spielen mit anderen Kindern ein Fremdwort.

Lucy Li jedenfalls hatte eine gewisse Erfahrung mit Zuschauermengen, weil sie sich 2013 mit zehn Jahren, acht Monaten und 16 Tagen als jüngste Spielerin aller Zeiten für die U.S. Women's Amateur Public Links Championship qualifiziert hatte und damit den Rekord von Michelle Wie eingestellt hatte, die im Jahr 2000 sieben Tage älter gewesen war. 2013 spielte Lucy außerdem bei der U.S. Women's Open mit, mit elf Jahren. Auch das war ein Rekord, weil Lexi Thompson, die ihn davor mit zwölf Jahren, vier Monaten und 18 Tagen aufgestellt hatte, ein gutes Stückchen älter gewesen war.

Michelle Wie ist inzwischen 30 Jahre, sie hat 2019 geheiratet, heißt Michelle Wie West und hat inzwischen ein Kind. Lexi Thompson hat mit inzwischen 25 Jahren 14 Mal im Verlauf einer Profikarriere gewonnen, die sie als 15-Jährige begann. Lucy Li hat Ende 2019 ebenfalls ins Profigolf gewechselt, sie ist 17. Wie diese Karriere verlaufen wird, weiß kein Mensch. Michelle Wie und Lexi Thompson werden sie mit einem gewissen Interesse verfolgen, weil Lucy Li eine ihrer Nachfolgerinnen ist – auch sie waren Wunderkinder, von klein auf an den Golfplatz gewöhnt, von Kindesalter auf ein Dasein als Profigolferin getrimmt.

Wunderkinder gibt es im Golfsport nicht weniger als im Tennis, beim Turnen oder in anderen Sportarten. Im Damengolf sind sie häufiger anzutreffen als bei den Herren, weil bei den Männern die körperlichen Voraussetzungen und die Kraft eine noch höhere Rolle spielen. Trotzdem: Es gibt auch männliche Wunderkinder, deren Namen schon die Pokale der weltweit bekanntesten Jugendturniere zierten. Tiger Woods zum Beispiel gewann die Junior World Championship, als er acht Jahre alt war. Ein paar Jahre danach wurde ein Mädchen zur Ausnahmeathletin bei dem Kids-Turnier. Lorena Ochoa, die kleine Mexikanerin, die von 1990 bis 1994 jedes Jahr siegte, erreichte 2007 Platz 1 in der Weltrangliste der Damen – so wie Woods ein paar Jahre vor ihr bei den Herren. Beides Wunderkinder, die ihr Soll erfüllten.

Und doch: Planbar ist die Laufbahn eines Kinderstars nicht. Auch Deutschland hatte seine Wunderkinder. Zwei davon trugen die Namen Sean Einhaus und Dominic Foos. 2006, bei der BMW International Open in München, saß der 16-jährige Einhaus vor dem Clubhaus und gab Interviews in Serie. Die deutsche Golfszene blickte auf einen Jungen aus Borken in Westfalen, dessen Eltern sich ganz seiner Profikarriere verschrieben hatten. Mit Handicap +4 war er in Deutschland ein gefeierter Jugendstar. Sein Trainer hieß Willi Hofmann – der trainierte zu diesem Zeitpunkt auch Bernhard Langer. Einhaus war zu diesem Zeitpunkt und noch einige Jahre danach Deutschlands Bester im Amateursport und einer der erfolgreichsten Jugendlichen Europas. Trotzdem endete der Erfolg mit dem Wechsel in den Herrensport – auf die European Tour hat er es bis heute nicht geschafft.

Sein bekanntester Nachfolger auf deutschem Boden heißt Dominic Foos. Als Dreijähriger klopfte er auf Golfbälle, als 14-Jähriger war er die Nummer 1 der Amateure in der Klasse der

15-Jährigen in der Weltrangliste. Mit 15 Jahren zählte er zu den Top 150 Amateuren weltweit und zu den 40 besten Amateuren Europas. Er spielte die Nelson Mandela Championship auf der European Tour und wurde der jüngste Golfer mit einer Top-40-Platzierung auf der European Tour. 2014 wurde er Profi, holte sich 2015 – wieder als jüngster Spieler aller Zeiten – einen Challenge-Tour-Sieg. Und jetzt?

Der Höhenflug des Dominic Foos hat längst ein Ende gefunden. Der junge Deutsche spielte 2019/2020 auf der Challenge Tour mit wechselndem Erfolg, lag in der Weltrangliste auf Plätzen zwischen 800 und 900. Das Wunderkind Foos ist eben angekommen im Alltagsbetrieb des Golfgeschäfts, wo sich auch unzählige talentierte College-Golfer aus Asien, den USA und Südamerika tummeln. Der Sturm an die Spitze ist dem stetigen Kampf um Ergebnisse gewichen.

Wenige im Profisport können die Härten dieses Sports ähnlich gut beschreiben wie Michelle Wie West. Mit 16 Jahren war das schlaksige große Mädchen aus Hawaii der weibliche Star der Golfszene schlechthin. Ein Name im Damengolf, der gleichgesetzt wurde mit dem von Tiger Woods. Sie spielte ihr erstes Profiturnier bei den Damen mit zwölf, gewann die Women's Amateur Public Links mit 13 und verpasste den Cut bei der Sony Open der Herren mit 14. Was blieb, war der Eindruck, dass dieses Mädchen mit dem rhythmischen Schwung, der man in Anlehnung an Ernie Els Spitznamen „Big Easy" den Titel „Big Wiezy" gab, es mit den Herren aufnehmen konnte.

Im Rückblick würde Michelle Wie West, die permanent von ihren asiatischen Eltern begleitet wurde, wohl anmerken, dass es ihre Entwicklung besser gefördert hätte, wenn sie gegen gleichaltrige Mädchen statt gegen Männer gespielt hätte. Dann allerdings hätte die Sportartikelfirma Nike ihr wohl auch nicht einen 40-Millionen-Dollar-Vertrag mit einer Laufzeit über vier Jahre gegeben, als sie eine Woche vor ihrem 16. Geburtstag ins Profilager wechselte. Die LPGA Tour akzeptierte sie zu diesem Zeitpunkt nicht als Mitglied, weil sie die Altersbestimmungen der Profitour unterlief. Dabei konnte Wie problemlos mithalten: Bei den ersten acht Starts auf der Tour kam sie auf sechs Platzierungen unter den Top 5, dreimal davon bei Majorturnieren. Mit ihrem erstklassigen Schwung waren Drives über 250 Meter in Serie kein Problem. Siege schienen nur eine Frage der Zeit, der

Run an die Spitze der Weltrangliste unvermeidlich. 2006 war ihr bestes Jahr.

Danach ging es abwärts. Sie stürzte beim Joggen, verletzte ihr Handgelenk – die angeschlagene Gesundheit wurde ein Dauerthema im Leben der Amerikanerin, die aufgrund ihrer extrem abgewinkelten Bewegung beim Putten auch immer mit Rückenschmerzen kämpfte. Das junge Mädchen wirkte oft launisch, lustlos, überstrapaziert. 2009 wurde sie ein volles Mitglied der LPGA Tour, überzeugte beim Solheim Cup, und arbeitete sich in der Geldrangliste allmählich unter die Top 10 vor. Ein wesentlicher Grund für die positive Entwicklung mag das Studium an der Stanford University gewesen sein. Wie, der permanent überwachte Kinderstar, entzog sich erstmals ihren strengen Eltern und emanzipierte sich. Der Bachelor-Abschluss in Kommunikationswissenschaften habe sie weit stolzer gemacht als so mancher Golftitel, meinte sie später.

2014 schaffte sie den bis dato einzigen Majorsieg ihrer Karriere. Es war dieser eine Moment, in dem es schien, als könne der Kinderstar Michelle Wie alle Erwartungen, die man in sie schon als Zwölfjährige gesetzt hatte, doch noch erfüllen. In Pinehurst, genau dort, wo auch Martin Kaymer 2014 eine Woche vor ihr die U.S. Open gewann, war sie die einzige Spielerin, die in dieser Turnierwoche unter Par spielte. Der Majortitel war mit einem Ergebnis von zwei unter Par und 278 Schlägen geschafft. Endlich. „Natürlich, es hat viele Momente des Zweifels gegeben", sagte Wie danach, „aber ich hatte so viele Menschen um mich. Sie haben nie den Glauben an mich verloren. Das hat mich vorwärts getrieben."

Das einstige Wunderkind hat inzwischen zu sich selbst gefunden – obwohl es nach 2014 nie für weitere große Siege reichen sollte. Sie bestritt fünf Solheim Cups für die USA, holte insgesamt neben dem Majorsieg noch vier weitere Titel auf der LPGA. Im Verlauf ihrer Karriere verdiente sie bis Ende 2019 fast acht Millionen Dollar an Preisgeld – und ein Vielfaches an Werbegeldern. Sie ist ein Social Media Star, außerhalb Asiens die bekannteste Golferin der Welt. Viel erreicht also, wenn auch nicht das, was alle Welt einst von dem kleinen Mädchen aus Hawaii erwartet hatte. Ein weiblicher Tiger Woods ist sie nie geworden. Aller Planung der Eltern zum Trotz.

PLÄTZE

# Der Old Course von St Andrews

*City-Golf auf Schottisch*

Geschichten über den Old Course gibt es in rauen Mengen, hübsch illustriert mit Zeichnungen des Old Tom Morris, dem Bild des R&A Clubhauses, irgendwelchen Golfern, die anno dazumal hier ihre Runden zogen. Historie im Überfluss also, die sich in Hunderten von Büchern nachlesen lässt. Was bleibt, ist die Frage: Warum ist dies ein Lieblingsort? Was macht die Faszination eines ziemlich platten Geländes aus, das sich irgendwo in Schottland an einem Stück Küste erstreckt, das nicht wesentlich anders aussieht als so viele andere Ecken der Insel?

Der erste Eindruck ist ernüchternd, wenn man mit einem Mietwagen vom Flughafen

Edinburgh aus Richtung St Andrews tingelt. Irgendwann, nachdem man den kleinen Kreisverkehr in Leuchars hinter sich gelassen hat, tauchen linkerhand die Ausläufer des Meeres auf, die niedrigen Steinmauern, hinter denen der Strathtyrum Course endet, dann die Einfahrt zur Driving Range, schließlich der American-Football-Platz der Universität. Spektakulär ist die Zufahrt nach St Andrews nicht, und wenn man schlechtes Wetter erwischt – was an schottischen Orten immer wieder mal vorkommt –, wirkt die Stadt mit ihren zahlreichen alten Gemäuern dunkel und grau.

Der Old Course liegt mittendrin, er ist ein vollständiger Teil dieser Stadt, umgeben von Wohnhäusern und Straßen auf der einen Seite und dem Strand. Die Erwartungshaltung beim Premierenbesuch ist riesig, aber die erste Begegnung eigentlich seltsam, weil der Blick vom ersten Abschlag nur auf ein ziemlich plattes Doppelfairway fällt. Irgendwo in rund 345 Meter Entfernung flackert die Fahne des ersten Lochs im Wind. Manch einer braucht ein paar Besuche und ein paar Jahre, um die Magie dieses Ortes zu spüren.

Zuerst einmal sorgt der Old Course nur für pure Verwirrung, weil der Spieler auf ein Szenario trifft, das in dieser Form einmalig auf der Welt und schwer zu begreifen ist. Es ist eine Welt der ineinander verlaufenden Spielbahnen, Fairways und Grüns. Ein Ineinanderfließen von kleinen Buckeln und Wellen, die sich zu riesigen Grüns formieren, auf denen man problemlos auch vier Putts brauchen kann. Es ist ein Golfplatz, auf dem man bei der ersten Runde all das vermisst, was dem Standardgolfer bei seiner Runde ansonsten Halt und Orientierung gibt: gut einsehbare Spielbahnen, klar abgetrennte Fairways, am Ende des Lochs ein deutliches Grün. Aber weil Vorgrüns und Grüns hier fast ineinanderverfließen, ist ein weiter Teil des Old Course vor allem eine riesige Putt- und Chipping-Zone. Alles ist hart, alles ist trocken, und der Ball läuft scheinbar ewig dahin.

Das bringt eine weitere wesentliche Erfahrung mit sich, die beim ersten Mal ziemlich irritiert. Man lässt den Ball hier über das Fairway laufen und spielt ein anderes Spiel: den Ball nicht hoch in der Luft, sondern flach am Boden, die Auslaufphase immer miteinkalkuliert. Ein Ball, der auf einem normalen Golfplatz in Deutschland nach 110 Metern liegen bleibt, kann bei Rückenwind auf dem Old Course auch erst nach 160 Metern stoppen, weil er schier endlos springt und kullert. Das ist unberechenbar, was die Kritiker des Old Course übrigens auch sofort als ein Argument anführen für die Beweisführung, warum der Old Course nur von seiner Reputation lebe, nicht von seiner eigentlichen Spielqualität. Es gab in der Vergangenheit übrigens durchaus renommierte Vertreter dieser Theorie wie Sam Snead zum Beispiel oder J.H. Taylor, der hier sogar zwei Open gewann. Lee Westwood äußerte sich genauso kritisch wie so mancher amerikanische Profi, der zu einer British Open in St Andrews anreiste, die Links-Variante von Augusta National erwartete und stattdessen auf eine Art Mondlandschaft traf. Ein Kulturschock, der manchmal eben auch Ablehnung erzeugt.

Andere ließen sich mit den Jahren bekehren. Bobby Jones, neben Jack Nicklaus und Tiger Woods wohl einer der drei größten Golfer aller Zeiten, spielte 1921 als Teenager zum ersten Mal den Old Course und zerriss seine Scorekarten während der dritten Runde voller Ärger. Später, er hatte inzwischen drei Titel bei der Open gewonnen, erklärte er: „Wirklich, wenn ich einen Platz auswählen müsste, auf dem ich das Match meines Lebens spielen sollte, ich würde den Old Course nehmen." 1931 spielte er dort, nachdem er gerade den Grand Slam geholt hatte, eine denkwürdige Partie gegen Joyce Wethered, die bis heute als die beste Golferin aller Zeiten gilt. Jones und Wethered spielten von den gleichen Abschlägen und tatsächlich gewann er am Schluss, obwohl sie drei Löcher vor Schluss noch zwei auf geführt hatte. Bobby Jones aber gab danach zu, er hätte sich in seinem Leben auf dem Golfplatz noch nie so unterlegen gefühlt.

Dabei ist der Old Course, man muss es so sagen, lange Zeit nie ein Platz der Frauen gewesen, was auch damit zusammenhängt, dass Golf in Schottland generell vorrangig ein Spiel der Männer war. Eine erste Runde auf dem Old Course endete in meinem Falle an der Seite eines Caddies, der begeistert das Spiel meines Mannes kommentierte und ansonsten meine Tasche trug. Die Einsicht, dass der Einsatz eines Lobwedges auf dem knochentrockenen Boden wenig Sinn macht, weil man ja ohnehin keine hohen Bälle spielt, musste ich mir selbst erarbeiten. Ich gebe zu, das war vor der Jahrtausendwende – vielleicht haben auch die Caddies in St Andrews ihre Einschätzung von Frauen auf dem Golfplatz inzwischen überdacht.

In Sachen Frauen musste man sich hier historisch eben immer ein wenig verbiegen, bevor man sie 2014 als Mitglieder akzeptierte. Nur mit einer Dame hatte der R&A nie ein Problem: Queen Elizabeth wurde mit ihrer Thronbesteigung zur Schirmherrin des Clubs. Ein Porträt von ihr hängt im sogenannten Big Room. Als sie am 1. Juli 1982 St Andrews besuchte, war der Einlass ins Clubhaus, der eigentlich nur Männern erlaubt war, kein Problem. Was Reporterinnen betraf, so beschloss der R&A irgendwann, Berichterstatter als Neutrum zu betrachten, was zu einem offenen Clubhaus für Journalistinnen bei allen Veranstaltungen rund um die British Open führte.

Einmal, wir hatten gerade im Rahmen der Pressekonferenz anlässlich der British Open 2005 ein kleines Turnier ausgespielt, saß ich zusammen mit einer Reihe männlicher Journalisten und dem damaligen Geschäftsführer des R&A Peter Dawson im Restaurant des Clubhauses im ersten Stock. Meine ersten Schwierigkeiten mit dem Golfspiel auf diesem Platz hatten sich mit den Jahren gelegt. Ich hatte eine ordentliche Runde absolviert, die wohl den Bruttopreis bedeutet hätte, wenn ihn nicht ein Kollege einer britischen Zeitung erhalten hät-

te, obwohl er drei Schläge mehr auf der Scorekarte hatte als ich. Der Gedanke lag nahe, dass
ich außer Konkurrenz gespielt hatte – als einzige Frau im Feld. Eine halbe Stunde später,
wir waren inzwischen beim Kaffee in der Bar
im Erdgeschoss, stand ein ziemlich geknickter
Kollege von der britischen „Times" vor mir und
erklärte, sie hätten mich bei der Auszählung
der Ergebnisse schlichtweg vergessen. Das kleine Döschen für den Bruttopreis, den ich dann
doch noch bekam, ist bis heute meine wert-
vollste Trophäe.

Die beeindruckendste Golfleistung, die ich
auf dem Old erlebte, reicht zurück ins Jahr
2000. Es war das Jahr des Tiger Woods. Der junge Mann hatte gerade die U.S. Open gewonnen
und war auf dem Höhepunkt seiner Leistungs-
kraft. Die British-Open-Woche mit ihm wurde
zu einem Lehrstück darüber, wie man mit dem
Old Course umzugehen hat. Frühzeitige Analy-
se, so lernte man im Verlauf der Tage, ist der
erste Schritt zum Erfolg.

Seine erste Lehre, was diesen Platz betrifft,
erhielt Woods 1995, als er seine Premiere bei
einer Open auf dem Old Course feierte: Er war
gerade 19 Jahre alt und wusste nicht so recht,
was er mit dem seltsamen Layout anfangen

sollte. „Ich bekam die Chance, mit Bernhard Langer zu spielen", beschrieb er es später in einer Pressekonferenz. „Wir waren auf der 14, der Wind blies uns ins Gesicht, und die Bunker auf der linken Seite waren jetzt im Spiel. Mir waren sie bis dahin nie aufgefallen, weil ich immer eher auf der rechten Seite bei der kleinen Mauer gewesen war." Was er dann sah, konnte er kaum fassen: „Bernhard spielte den Ball, ich glaube über das fünfte Fairway, und ich war einfach nur schockiert. Ich konnte gar nicht glauben, dass er so weit rüber nach links ging. Er spielte erst auf das andere Fairway, traf danach das Grün und machte zwei Putts. An diesem Punkt habe ich erkannt, dass dieser Golfplatz so unglaublich viele verschiedene Möglichkeiten anbietet, ihn zu spielen. Dafür muss man bereit sein."

Als er 2000 zur nächsten Open zurückkehrte, hatte Woods tagelang Video- und Fernsehaufnahmen vergangener Turniere auf dem Old Course angesehen und eine Vielzahl von Routen und Spielansätzen analysiert. Es war heiß in dieser Woche, der Platz war knochentrocken und Woods beschloss, den Driver möglichst selten zu benützen und stattdessen die Löcher eher zu sezieren. Es gelang ihm vier Runden lang, keinen Bunker zu treffen und am Ende mit einem Score von 19 unter Par dominant den Sieg mit acht Schlägen Vorsprung zu holen.

Die Bunker nämlich sind es, die so manche Runde ruinieren. Sie heißen „Hells", „The Principal's Nose" oder „The Coffins". „Cheape" zum Beispiel ist der erste wesentliche Bunker, auf den man im Verlauf der Runde trifft. Er definiert mehr oder minder fast die komplette linke Seite des zweiten Lochs und liegt genau an der Ecke des Doglegs von Bahn 17. Seinen Namen bekam er, weil die Familie Cheape das Grundstück besaß, auf dem sich der Old Course heute befindet. Wie auch immer: Wer am Tee steht, sollte rechts davon zielen.

Bleibt nur noch eines zu klären: Wie kommt man rauf auf den Platz? Die Frage, wie man eine der Abschlagszeiten auf dem Old Course ergattert, beschäftigt alljährlich Tausende Golffans. Tatsache ist, dass der Zugang über den Links Trust, der die sieben stadteigenen Plätze von St Andrews verwaltet, eigentlich klar geregelt ist. Wer früh genug bucht, kann eine Startzeit auch ohne Hotel belegen – der Old Course ist dabei nach wie vor der preisgünstigste aller Schauplätze der British Open. Wer das Old-Course-Feeling komplett auskosten will, kann sich aber morgens in der Dämmerung auch beim Starterhäuschen melden und auf die Warteliste setzen lassen. Mit viel Glück taucht in einem der folgenden Flights eine Lücke auf und man spielt mit. Das kann gerade im Hochsommer manchmal Stunden dauern – aber meistens klappt es doch.

Der Old Course mag für den Touristen das Nonplusultra seiner Golfreise sein – die Einheimischen haben oftmals andere Präferenzen. Der Castle Course zum Beispiel, als einziger der Plätze etwa zehn Minuten Fahrzeit außerhalb des Orts gelegen, ist definitiv nicht ihre erste Wahl. So schön die Ausblicke Richtung Kathedrale der Stadt auch sind – die Grüns sind vielen zu verschnörkelt und gewellt. Stattdessen drehen sie bevorzugt ihre Runden auf jenen Plätzen, die der Tourist gerne links liegen lässt. Strathtyrum zum Beispiel oder Eden, die ihr eigenes Clubhaus in der Nähe der Driving Range haben, wo man sich im Anschluss an 18 Löcher auf einen Kaffee oder Bacon Rolls trifft. Kinder bevorzugen die Hot Chocolate mit Marshmallows, die es nur hier gibt, was vielleicht daran liegen mag, dass der kleine Balgove-Kurs mit seinen neun Löchern für Anfänger und Kids direkt um die Ecke liegt und uns Deutschen vor Augen führt, wie Kindergolf wirklich funktionieren kann. 16 Pfund kostet der Wochenpass für unter 16-Jährige. Die Runde dauert knapp 60 Minuten, kein Rough, kaum Bunker, alles einfach – nur die Grüns, die sind auch dort hart und schnell.

Wer abends das 17. Loch des Old Course herunterspielt, sieht die Kinder und Teenager aus St Andrews rechterhand neben der Driving Range auf den Übungsgrüns beim Pitchen und Putten. Die Fahrräder liegen neben dem Grün, es ist manchmal laut – aber offenbar ziemlich spaßig. Golf, so die Botschaft, ist hier ein Teil der Community, ein Sport mitten in der Gesellschaft und mitten im Ort.

Auf diesem letzten Stück der zweiten Neun des Old Course rückt die Kulisse des Städtchens St Andrews immer näher. Irgendwann liegt das Old Course Hotel rechts nicht weit vom 17. Abschlag und man gerät ins Grübeln, wie weit man nun über das Dach des Schuppens vor dem Hotel zielen soll. Das 17. Grün liegt direkt an der Old Station Road; wer das Grün nicht trifft, spielt von dort aus weiter. Der Weg vom letzten Abschlag führt über die Swilcan Bridge, dann hat man die letzten Meter vor sich: Das Doppelfairway aus Bahn 1 und 18, auf dem jeden Sonntag, wenn der Platz geschlossen ist, Spaziergänger unterwegs sind, wirkt wieder wie zu Beginn der Runde so unglaublich breit. Trotzdem sliced der eine oder andere seinen Ball rechts ins Aus und auf die Straße. Das 18. Grün liegt rechts vor dem Clubhaus des R&A, selbst abends um zehn, wenn im Sommer die letzten Flights ihre Runden beenden, stehen noch ein paar Zuschauer hinter der kleinen Absperrung und genießen den Blick auf den Platz. Die Möwen kreischen vom Meer herüber, ein letzter Putt und die Runde ist geschafft. Es ist – fast immer – der Beginn einer Liebesbeziehung.

# Irland für Golfer

*Die Insel der Geschichten*

Wer diesen Sport erklären will, muss über Irland sprechen. Und über Nordirland, von dem wir wissen, dass es eine ziemlich bewegte Geschichte hinter sich hat. Weit weniger bekannt ist, dass es ein Mekka für Golfer ist. Ein Ort, an den es die Puristen, die Kenner zieht – all jene, die Golf in ihrer reinsten Form erleben wollen. Egal wie hart der Wind bläst, wie eisig die Kälte durch die Thermojacken zieht und wie kalt und klamm die Finger sind: Nur wer Nordirland erobert hat, kennt Golf wirklich. Manchmal fühlt es sich an wie eine Reise ans Ende der Welt.

Ende der 80er-Jahre brauchte es Stunden, bis man von Belfast aus auf kleinen Straßen an der Küste von Antrim anlangte, dort, wo die Szenerie ohnehin schon spektakulär ist und die

Golfplätze zu den feinsten der Welt zählen. Hier lernt man die Geschichte von Finn McCool, dem mächtigen Riesen, der nicht weit vom Örtchen Portrush entfernt ein großes Stück Land erbte und anfing, eine Brücke zur Insel Staffa zu bauen, weil auf dem Hebriden-Eiland jene Riesen-Frau lebte, in die er sich heftig verliebt hatte. Keine Ahnung, warum er die Brücke nicht fertig bekam – geblieben aber ist der Giant's Causeway – dieses Riesen-Monument aus Steinen, zu dem jeder Golfer unweigerlich fährt, wenn er auf der Reise zu einem anderen Monument unterwegs ist: dem Royal Portrush Golf Club mit seinen 36 Löchern.

Golf spielen sie hier seit mehr als über hundert Jahren, aber der Dunluce Course, auf dem man auch The Open 2019 austrug, bekam sein ursprüngliches Layout von Altmeister Harry Colt, der zwischen 1929 und 1932 hier durch die riesigen Dünen wanderte und dabei war, sein Meisterstück zu formen. Es entstand ein Loch, das unter dem Namen „White Rocks" bekannt wurde, weil man vom Abschlag aus einen fantastischen Blick über die Küste hinweg zu der Gesteinsformation White Rocks und dem Giant's Causeway dahinter hat. Die Löcher hier, sie tragen alle Namen, wobei „Calamity" an der

16 für das Par 3 über 180 Meter wahrscheinlich am passendsten ist, weil vieles, was dort passiert, aus Sicht eines Golfers einfach schrecklich ist. Als ich dort stehe, pfeift der Wind irgendwie aus allen Seiten, an ein Par ist nicht zu denken. Was an diesem Tag aber auch egal ist, weil ich mitten im Sommer die kälteste Runde Golf meines Lebens erlebe, deren Highlight ein kleines Öfchen in der Halfway-Hütte ist. Langsam kehrt das Gefühl zurück in die Fingerspitzen, während mein Caddie neben mir Geschichte um Geschichte von allen jenen Profis erzählt, die man mit Royal Portrush verbindet.

Darren Clarke, British Open Champion 2011, hat ein Haus direkt am Platz. Graeme McDowell, U.S. Open Champion, kommt aus dem Nachbarort. Rory McIlroy schließlich, vierfacher Majorsieger, ist hier eigentlich aufgewachsen. Ein großer, mächtiger Golfplatz wie der Dunluce Course erzieht zur Demut, selbst einen Superstar wie ihn. Als 16-Jähriger hat er hier einen Platzrekord mit einer 61er-Runde aufgestellt. Der Traditionsclub hatte dem Ausnahmetalent, das aus dem Örtchen Holywood in der Nähe stammt, eine Mitgliedschaft schon mit acht statt der üblichen zwölf Jahre erlaubt. Als er die Rekordrunde spielte, kannte er jede

Düne, jeden Break auf den Grüns bereits wie im Schlaf. An jeden einzelnen Schlag dieser Qualifikationsrunde für die North of Ireland Championship am 12. Juli 2005 könne er sich erinnern, sagte er später – sie war brillant. Wie gemacht für einen Platz, der Herausragendes erfordert.

15 Jahre später kehrte Royal Portrush die Vorzeichen um. Diesmal musste sich McIlroy beugen. Als haushoher Turnierfavorit stand der 30-Jährige am ersten Abschlag der British Open 2019, der erste Sieg eines Nordiren bei einer British Open war sein Ziel, als das Desaster mit dem ersten Schlag begann. Der erste Ball im Aus, der provisorische Schlag danach landete an einem üblen Fleck neben dem Fairway. Es folgte ein Schlag über 135 Meter, der den Ball in einem der Farne im Rough rund um das Grün begrub. Eine kurze Inspektion und McIlroy kassierte einen Strafschlag für unspielbare Lage. Ein Schlag mit dem Sandwedge aufs Grün, ein verpasster Putt und schließlich der letzte Schlag. Mit vier über Par verließ er das erste Loch, aus dem 8:1-Favoriten vor der Runde war innerhalb von weniger als einer halben Stunde ein Profi geworden, bei dem die Wetten nur noch 33:1 auf den Titel standen.

Um ihn herum herrschte Stille. Betroffene Iren, wohin das Auge sah. Fast 240.000 pilgerten im Juli 2019 in einer Woche nach Royal Portrush, um ihre Verbundenheit mit diesem Sport zu zeigen. Die letzte Open in Nordirland hatte im Jahr 1951 stattgefunden, ein Unding aus der Sicht der Nordiren und Iren. Rund hundert Golfplätze finden sich in dieser kaum bevölkerten Region mit weniger als zwei Millionen Einwohnern. Golf ist Kulturgut hier, Familiensport, Leidenschaft – ebenso wie im benachbarten Irland, das mehr als 400 Golfanlagen zählt. Dass die Open 2019 dann am Ende ein Ire gewann, Shane Lowry, war versöhnlich. Wenn schon kein Nordire, dann zumindest ein direkter Nachbar.

Weltklassegolfanlagen haben sie in Irland wie in Nordirland reichlich. Die großen, historischen Linkskurse wie Waterville, Royal Portrush, Royal County Down oder Lahinch erstrecken sich entlang der Küsten. Wer im Hochsommer vormittags auf einen der Parkplätze vor den Clubhäusern fährt, verflucht die Berühmtheit der Plätze angesichts der Reisebusse, die hier tagtäglich amerikanische und asiatische Golftouristen aussetzen – nein, bedächtig und ruhig ist das Spiel hier nur noch im Frühjahr und Herbst, wenn die Plätze ihren ursprünglichen Charme voll ausspielen und die Naturgewalt der meterhohen Dünen den Spieler ganz klein werden lässt.

Neue Namen haben sich unter die Ranglisten der weltbesten Plätze Irlands und Nordirlands gemischt. Der European Club in Brittas Bay ist das herausragende Beispiel. Der Platz erzählt die Geschichte eines echten Iren, eines Menschen, der ohne Golf nicht sein kann.

Pat Ruddy war Journalist und Golfplatzdesigner, der mehr wollte, als nur Auftragsarbeit für andere zu leisten. An der Ostküste Irlands fand er ein Stück Land, aus dem er seinen eigenen Traumplatz machen wollte. Frau Bernadine, die Töchter Sidon, Bernardine Junior und Zilla wurden Teil des Projekts, ebenso wie die Söhne Gerard und Patrick. Sechs Jahre lang saß Pat Ruddy auf seinem Traktor und schob den sandigen Boden nach eigenem Gusto zur Seite. 1993, als ich einen ersten Blick auf den Platz werfe, der am 26. Dezember 1992 eröffnet wurde, steht der Traktor noch immer hinter dem Container, der als Übergangsclubhaus dient. Wer weiß, sinniert Ruddy, vielleicht werde er das eine oder andere an der Anlage noch ändern.

Im Container gibt es Tee, ein paar Sandwiches und Ruddy erklärt mir seine Löcher rauf und runter. Er vergisst die zwei Extralöcher nicht, die er eingefügt hat, weil das Gelände es einfach wollte. Eine Schande wäre es gewesen, die Landschaft zwischen den Dünen, in die diese zwei Löcher vorgezeichnet schienen, nicht zu nützen. Die Natur ist sein Ideengeber, weshalb unten direkt am Meer am Ende des 13. Lochs ein endlos langes Grün eines Par 3 liegt, das 115 Meter misst. Ging nicht anders, sagt Ruddy, es musste so sein.

Er hat seine Lebensversicherung in dieses Projekt investiert, sein Haus beliehen, sein großes Auto gegen ein kleines Auto getauscht – damals, Anfang der 90er-Jahre, war es das Projekt seines Lebens. Mehr als 20 Jahre später, The European Club taucht längst in sämtlichen Ranglisten der weltbesten Plätze auf und kostet im Sommer pro Runde 230 Euro cash, ist die Investition reingeholt. Ein Ire und seine Golfgespinste – es ist eine Erfolgsgeschichte, deren Basis die reine Leidenschaft ist.

Über die Jahre treffe ich auf den Namen Pat Ruddy immer wieder. Ganz oben am nördlichsten Punkt Irlands, wo er Glashedy Links neben den Old Course gesetzt hat. Wer Ballyliffin gefunden hat, braucht keine Angst vor großen Touristenströmen zu haben. Hier, auf der

Halbinsel Inishowen, ist dann wirklich nicht viel mehr als Golf, ein paar kleine Hotels und die Pubs, in denen man sich abends unzählige Geschichten von unzähligen Golfrunden erzählt. Das wohl Seltsamste, was mir dabei auf meinen Irland-Reisen passiert ist, geschah, als ein paar Journalisten und ich nach einem dieser Golftage mit unserem Führer das Pub verließen und dieser anfing, die im Stehen dösende Kuh anzuschubsen. Cow-Tipping heißt der immer wieder gern unternommene Versuch, das Tier umzustoßen, zu der uns auch unser Ire nach ein paar Bier unbedingt ermutigen wollte. Das irische Vieh war die Attacken offenbar gewohnt – es öffnete die Augen und starrte den angetrunkenen Golfer emotionslos an. Cow-Tipping, das haben wir in Ballyliffin gelernt, ist nichts als ein großer Mythos.

So ländlich die Ortschaften oft sind, so verlassen die Gegenden, so weit weg von Industrie und Handel – unterschätzen darf man die Iren nicht, bei ihrem Versuch die Golfwelt zu bewegen. Ein paar der verrücktesten Finanzgeschichten der Szene spielen hier, die eine in Dublin, die andere in Adare bei Limerick.

Michael K. Smurfit, zu diesem Zeitpunkt einer der 250 reichsten Männer der Welt, wollte sich den Ryder Cup kaufen – und schaffte es. Zusammen mit seinem Partner Garry Gennon erstand der Tycoon, dessen Bilder mit edlen Zuchthengsten und auf teuren Yachten durch die internationale Finanzpresse wanderten, 2005 für 97 Millionen Euro den K-Club, ein riesiges Anwesen außerhalb von Dublin. Sein eigenes Business Smurfit Kappa, das damals mehr als 40.000 Angestellte in 33 Ländern umfasste, basierte auf der Produktion von Pappe und Papier in allen möglichen Varianten.

2006 fand der Ryder Cup im K-Club statt. Es war eine Demonstration von Geld und Überfluss, die wenig gemein hatte mit dem eigentlichen, eher bescheidenen Bild von Golf-Irland, das sich bis dato in den Vorstellungen der Golffans fand. Zwei moderne Parklandplätze, angeordnet um ein riesiges Mansion-Haus mit Bibliotheken, Gemäldesammlungen, Blattgold hier und dort. Busse transportierten Medienvertreter und Fans aus schnell hochgezogenen Hotelburgen in zig neu angelegten Industrieparks zum Platz. Es war der Höhepunkt eines Wirtschaftsaufschwungs, der irgendwann keine gesunde Basis mehr hatte. Exklusive Clubs mit Edelimmobilien entstanden an jeder Ecke, die einstmals so günstigen Greenfees überstiegen problemlos die 100-Euro-Marke und aus dem so bodenständigen Irland war ein hippes Ziel geworden, in das der Golf-Jetset gern einmal auch mit dem Helikopter einflog.

Am 17. März 2008 hatte der Hype ein Ende, die Aktienmärkte brachen ein, und Irlands berauschte Golfindustrie erlebte ihren größten Einbruch. 5-Sterne-Golf-Resorts wurden zu Insolvenzfällen, Golfplätze gingen in den Besitz der Banken über. Auch der K-Club kehrte nie zu seinem ursprünglichen Glanz zurück. Ende 2019 verkaufte Michael Smurfit das Anwesen für 70 Millionen Pfund an Michael Fetherston, Inhaber der Gesellschaft TLC Nursing Homes Group.

Die zweite irische Ryder-Cup-Geschichte, die mit einem Finanzmogul zusammenhängt, trägt den Namen Adare Manor und spielt im Örtchen Limerick. JP McManus, ebenfalls Pferdezüchter, Golfliebhaber und erfolgreicher Businessmann, kaufte sich 2015 nach dem Ende der Finanzkrise den Platz Adare Manor und das alte Hotel, steckte angeblich 200 Millionen in Renovierung und Ausbau und machte daraus Europas derzeit exklusivstes Golfprojekt.

In Adare ist jeder Grashalm tiefgrün und perfekt gemäht. Ein sogenanntes Sub-Air-System entzieht den Grüns die Feuchtigkeit, um sie permanent perfekt zu halten. 50 Greenkeeper kümmern sich im Dauereinsatz darum, dass sich die 18 Löcher exzellent präsentieren. Das Gebäude aus dem 19. Jahrhundert wurde stilecht in der gleichen Bauart quasi verdoppelt. Bemaltes Fensterglas, antike Chorstühle, viel Marmor und ein paar Jagdhunde sowie eine Falknerei vor der Tür: Wieder ist alles perfekt, wieder alles großartig. Und wieder spielen sie einen Ryder Cup. 2027 wird der Vergleichskampf zwischen Europa und den USA hier stattfinden.

Es wird ein irisches Golffestival werden. Diesmal eben in direkter Nachbarschaft des pittoresken Örtchens Adare. Knapp 1.150 Einwohner groß, Reethäuser, bunte Blumen in den kleinen Cottage-Gärten. Ein winziger Ort, typisch irisch, klein und verträumt. Geht es allerdings um den Golfsport – dann denken die Iren groß.

# Keiser & Kohler

*Zwei Visionäre und*
*der Traum vom Public Golf*

Manchmal liegt das Glück eines Golfers im Nirgendwo, am Ende der Welt. Ein spektakuläres Stück Land, 18 Löcher, von denen man noch lange erzählt. Ein Ort, an den man zurückkehren will. Es gibt solche Golfplätze, und es gibt die Menschen, die sie möglich gemacht haben – Visionäre des Golfs. Zwei davon sind Amerikaner – Mike Keiser und Herb Kohler. Keiser gehören die Resorts Bandon Dunes und Sand Valley, Herb Kohler Whistling Straits. Zusammen vereinen die drei Anlagen elf 18-Löcher-Plätze, vier Majors und den Ryder Cup 2020. Fünf der Plätze zählten 2020 zu den Top-100-Plätzen der USA. Zahlen, die beeindrucken – sie können das Erlebnis vor Ort aber nicht ersetzen.

Als Mike Keiser, der mit seinem Unternehmen Recycled Paper Greetings zusammen mit seiner Ehefrau Lindy und seinem College-Freund Phil Friedmann ein Vermögen mit Glückwunschkarten gemacht und die Firma 2005 an einen Private Equity Fund verkauft hatte, blieb ihm Spielgeld en masse. Keiser selbst war seit Langem ein begeisterter Golfer, der schon als Jugendlicher gespielt hatte – meist auf öffentlichen Anlagen. Er kam aus Buffalo, New York, spielte für ein College Team und als er nach Chicago umzog, spielte er Golf in Cog Hill – einer öffentlichen Anlage mit vier 18-Löcher-Anlagen, die noch heute zu den besten Amerikas zählt.

Als Business entdeckten Kohler und Keiser Golf aber erst, als sie ihr Vermögen schon gemacht hatten. Herbert Vollrath Kohler Junior hatte, anders als Keiser, als Kind oder Jugendlicher mit dem Golfsport nichts gemein. Er wuchs in einer Industriellenfamilie auf, die es mit Toilettenschüsseln und Armaturen zu einem der größten Unternehmen Amerikas gebracht hatte. Sein Weg in die Elite Amerikas war vorbestimmt. „Mein Vater hatte das vorrangige Ziel, mich nach Yale zu schicken und dann in die Firma einzusteigen. Das war überhaupt nicht das, was ich wollte", erinnerte sich Herb Kohler später. Er verließ Yale nach einem Jahr, machte einen Bachelor im Fach Theater in South Carolina, irgendwann fing er dann als einfacher Angestellter in der Firma an. Als 1968 zuerst der Präsident der Kohler Company starb und dann sein Vater, musste er mit 29 Jahren Verantwortung übernehmen, vier Jahre später wurde er ihr Präsident. Er machte aus der Kohler Company eine Weltfirma und aus dem winzigen Örtchen Kohler in Wisconsin in der Nähe des Lake Michigan ein geschniegeltes Vorzeigestädtchen, in dem das 5-Sterne-Resort The American Club liegt. Es gehört – wie könnte es anders sein – Kohler, und weil die Gäste dort gern Golf spielten, entschied dieser irgendwann für sich, er müsse dieses Spiel auch lernen. Er wurde süchtig und begann wie Mike Keiser möglichst viele der besten Plätze der Welt zu spielen.

Keiser und Kohler einte der Wunsch, etwas Besonderes im Golf schaffen zu wollen. Kohler betrachtete Golfplätze dabei aus einer ähnlichen Perspektive wie die Toilettenschüsseln, welche die Kohler Company produzierte: Sie sollten für eine möglichst große Zahl von Menschen sein und ein ausgefallenes Design haben. Deshalb entschloss er sich 1988, den amerikanischen Architekten Pete Dye zu engagieren, der ihm nicht weit vom American Club in einem dicht bewachsenen Gelände zwei 18-Löcher-Plätze baute: Den River und den Meadows Course von Blackwolf Run. Die Wahl fiel auf Dye, weil er nicht nur Topplätze schuf, sondern vor allem ein extrem kreativer Kopf war, der sich nicht immer innerhalb der üblichen Vorgaben des amerikanischen Designs bewegte.

Keiser beschrieb seine Suche nach dem perfekten Gelände für Golfplätze gegenüber der amerikanischen Golfzeitschrift „Golf Digest" einmal so: „Ich kam zu dem Schluss, dass nahezu alle der besten Plätze privat und sehr exklusiv waren. Der andere Punkt, den ich bemerkte, war, dass, speziell unter den Top 30, ganz viele auf Sandboden gebaut waren wie Pine Valley, Cypress Point und Shinnecock, oder sie lagen am Meer. Die Formel war damit ziemlich einfach: Sand + Meer ergibt großartiges Golf."

Keiser und Kohler wurden zu Fans der schottischen und irischen Linksplätze, die sie immer wieder besuchten. Die Unkompliziertheit des Spiels faszinierte sie, die brillante Kombination aus Golf und Natur und die einfache Herangehensweise der örtlichen Bevölkerung an dieses Hobby direkt vor ihrer Haustür. Sie lernten die

Tatsache schätzen, dass man – anders als in den USA üblich – zu Fuß eine Runde Golf spielte und sich seinen Weg durch die Dünen bahnte. Sie fuhren nach Ballybunion in Irland oder zum Old Course im schottischen St Andrews, wo Herb Kohler 2004 auch das Old Course Hotel mit dem angeschlossenen Dukes Course kaufte. Royal Dornoch, bekannt als einer der besten Linksplätze der Welt, wurde speziell für Herb Keiser zu einem mythischen Anziehungspunkt. Der Platz im Norden von Schottland ließ ihm keine Ruhe mehr: Die ausgefallene Lage direkt am Meer, die wilde Bebunkerung, die tollen Blicke – all das fand er faszinierend. Was er außerdem entdeckte, waren die unzähligen Busse mit amerikanischen Golftouristen, die viel Geld dafür ausgaben, die besten Linkskurse der Welt zu spielen. Welchen Schluss er daraus zog, erklärte Keiser später dem US-Journalisten Ron Whitten so: „Das war Beweis genug für mich, dass es ausreichend verrückte Golfer gab, um einen Golfplatz am Meer irgendwo in Amerika zu bauen. Die abgelegene Lage von Dornoch war eine Inspiration für mich. Wenn das in Dornoch funktionierte, würde es auch zu Hause klappen. Nichts in Amerika ist so abgelegen wie Dornoch."

New Buffalo am Lake Michigan, nicht weit entfernt von der Grenze zu Indiana, ist für amerikanische Verhältnisse allerdings ein Ort im Nirgendwo. Hier, an der Küste, hatte sich Keiser mit seiner Frau Lindy ein Ferienhaus gekauft, und als sie hörten, dass auf das große Grundstück an der anderen Straßenseite dichtbebaute Apartmenthäuser gesetzt werden sollten, beschlossen sie, stattdessen lieber selbst 60 Hektar zu kaufen und einen Golfplatz dorthin zu setzen. Es wurde eine 9-Löcher-Anlage mit dem Namen The Dunes Club, von der Keiser noch heute sagt, sie habe einen Fehler: Sie sei eben ein privater Golfplatz – und er sei eben ein Typ für Public Golf. Die Suche nach seinem eigenen Dornoch war noch nicht beendet. Sie fand ihren Schlusspunkt, als er ein großes Stück Land in Bandon-by-the-Sea im Bundesstaat Ohio angeboten bekam und es für 2,4 Millionen Dollar kaufte.

Der Schotte David McLay Kidd baute den ersten Platz Bandon Dunes, der 1999 eröffnete. Der Amerikaner Tom Doak, mit dem Keiser diverse Golftouren zu britischen Linksplätzen gemacht hatte, designte Pacific Dunes, der 2001 bespielbar war. Beide Plätze wurden von der Zeitschrift „Golf Digest" zu den „Best New

Courses" der USA erklärt. Sie trafen von Beginn an den Nerv der Zeit: Keiser hatte in Bandon Dunes im ersten Jahr mit 10.000 Greenfee-Runden gerechnet, tatsächlich wurden es 24.000. 2002 spielte man auf beiden Plätzen zusammen 78.000 Runden, und das obwohl der Winter hier bitterkalt ist und die Saison insgesamt kurz – so wie Schottland eben, nur mit dem kleinen Unterschied, dass die Schotten weit weniger Schnee haben und auch im Winter spielen. Seitdem ist das Resort stetig gewachsen. Bill Coore und Ben Crenshaw, bekannt für ihr minimalistisches Golfdesign, waren für den 18-Löcher-Platz Bandon Trails verantwortlich. Tom Doak schließlich baute noch einmal – Old Macdonald. Als auch dieser drei Jahre nach seiner Eröffnung 2010 zu den 100 besten Plätzen Amerikas zählte, war Bandon-by-the-Sea das erste Golfgelände, das jemals vier Plätze gleichzeitig unter den Top 100 der USA führte.

Die Abgelegenheit des Resorts könnte abschreckend wirken. Von New York aus ist es ein mehr als sechsstündiger Flug nach Portland, dann noch einmal eine etwa vierstündige Autofahrt. Es gibt insgesamt sieben Motels und Hotels im Ort Bandon Beach, der es 2010 bei einer Volkszählung auf 3.066 Einwohner brachte. Um es kurz zu machen: Kein Mensch käme eigentlich auf die Idee, hier Urlaub zu machen. Ausgehend von der Tatsache, dass Bandon Dunes auch noch einen 18-Löcher-Putt-Platz aufweist, einen „Pitch and Chip"-Platz mit 13 Löchern und seit diesem Jahr auch noch den nächsten 18-Löcher-Platz Sheep Ranch (wieder gebaut von Bill Coore und Ben Crenshaw), ist dies wohl weltweit der Ort mit der höchsten Dichte an Golflöchern pro Kopf Bevölkerung.

Public Golf im Stil von Bandon Dunes ist rau, windig und manchmal unbequem. Die Fairways sind kurzgeschoren, die Grüns fest und die Plätze ziehen sich durch die ursprüngliche Landschaft. Es ist ein Ort, an dem sich meist amerikanische Männer ohne ihre Frauen treffen, weil die Unterkünfte nicht gerade luxuriös sind, es kaum Restaurants gibt und das Ganze eher Golf auf die harte Tour ist: keine Carts, kein Luxus, alles dreht sich um Spitzengolf.

Herb Kohlers Vorstellungen vom Platz seiner Träume sahen ähnlich aus wie die von Mike Keiser. „Er hat mir tatsächlich gesagt, er wolle einen Platz, auf dem man nur gehen könne, und ich dachte, er sei komplett verrückt", beschrieb Pete Dye sein erstes Meeting mit seinem Auftraggeber, als es um die Anlage der Plätze

Straits und Links in Whistlings Straits ging. Kohler hatte der US Armee ein komplett flaches Stück Land am Lake Michigan abgekauft, das sich über drei Kilometer an der Küstenlinie des Lake Michigan entlangzog. Wo Keiser von seinem amerikanischen Dornoch träumte, wollte Kohler sein irisches Ballybunion einmal nach Amerika versetzt haben – wilde Bunkerkanten, Grüns im Wind, viele Bunker. Die Ansage zum Straights Course, auf dem seit der Eröffnung 1988 bereits vier Majorturniere stattfanden, war klar: „Ich will, dass dieser Platz aussieht wie Irland."

In mancherlei Hinsicht ist es mehr Irland geworden als die Plätze in Irland selbst. Wer die Fairways nicht exakt trifft, findet sich in einem der mehr als tausend Bunker wieder, über deren exakte Zahl selbst die Greenkeeper nicht genau Buch führen. Sie sind mal winzig klein, mal ausgefranst und ewig groß. Sie verlaufen sich im Gras ihrer Umgebung, was Dustin Johnson bei der PGA Championship 2010 zum Verhängnis wurde, als er eines der wilden Sandstücke nicht als Bunker identifizierte, seinen Schläger aufsetzte, zwei Strafschläge bekam und der so sicher geglaubte Majorsieg dahin war. Gepflegt sind sie nicht, die Bunker, weil es bei einem

Großteil davon keine Rechen gibt. Überhaupt ist der ganze Platz geprägt von natürlichem Gelände jenseits der Bahnen: Wer den Blick ab und an zur Seite richtet, sieht vielleicht die Schafherden, die Kohler hier weiden lässt, damit sie das hohe Gras im Rough bändigen.

13.000 Lastwagenladungen mit Sand hat es gebraucht, um aus dem brettebenen Armeegelände eine irische Dünenszenerie entstehen zu lassen. Pete Dye hat eine wilde und ursprüngliche Landschaft geschaffen, die mit acht Löchern direkt am Wasser optisch bezaubert. Sie hat nichts gemein mit der manikürten Schönheit des Platzes von Pebble Beach, der bis zur Eröffnung von Whistling Straits und Bandon Dunes als das Nonplusultra in Sachen öffentliche Golfplätze in den USA galt. Wo Pebble Beach mit seinen riesigen Villen jenseits der Golfplatzgrenzen ganz der perfekte, gepflegte amerikanische Traum ist, geht es bei den Gegenspielern um das Erlebnis von Golf und Natur.

„Ich dachte, er würde so ziemlich der einzige Mensch sein, der diesen Platz spielen würde, aber ich habe mich getäuscht. Er hat einen Trend initiiert", erklärte Pete Dye später, wie Herb Kohlers Vision eine Veränderung in der

Golfszene auslöste. Tatsächlich offenbart ein Ausflug an den Lake Michigan im Sommer die Begeisterung, die diese Art von Golf in Amerika geweckt hat. Wie auf dem Old Course in St Andrews gibt es die ersten Startzeiten frühmorgens, wenn das Licht noch diesig ist. Die Caddies warten am Check-in, heißer Kaffee dampft in den Tassen der Spieler, und ein Vierer-Flight nach dem nächsten steht Schlange, um abzuschlagen. Egal ob Whistling Straits oder Bandon Dunes: Golf spielen in beiden Resorts ist ein exklusives Vergnügen. Die Greenfee-Raten im Hochsommer variieren je nach Package, aber unter 250 Dollar ist hier keine Runde zu haben. Die Replay-Runde direkt im Anschluss allerdings ist mit 50 Prozent Nachlass meist ein Schnäppchen, weshalb 36 Löcher am Tag hier für viele die Regel sind.

Keiser und Kohler haben Amerikas Lust an der ursprünglichen Form des Golfspiels geweckt: Hier machen Vater und Sohn einmal im Jahr ihren Männerausflug, hier geben sich Kumpels vier Tage lang Golf ganz pur. Hier sitzt man abends nach der Runde auf einer kleinen Holzbank vor dem kleinen Clubhaus und blickt auf das 18. Loch. Es heißt Dyeabolic, und so sieht es auch aus. Eine wilde Landschaft, durch die der kleine Sevenmiles Creek fließt und eine Art Schlucht bildet. Ein Plateau mit einer Bunkerlandschaft liegt auf der Mitte der rund 470 Meter langen Bahn, ein querliegendes Grün bildet den Schluss. Es ist schwierig, faszinierend, ein Golfkunstwerk.

Die Visionen Keisers und Kohlers haben Amerikas Idee vom Public Golf neu befeuert. Andere Topanlagen in ähnlichem Stil wie Streamsong in Florida oder das neue Sand Valley, ebenfalls von Mike Keiser, sind entstanden. Amerikas Tradition des Golfs für jedermann, das mit riesigen öffentlichen Anlagen wie Bethpage in New York, Pinehurst in North Carolina oder Cog Hill in Chicago seit Langem besteht, hat wieder seine ursprüngliche Beachtung gefunden und die Golfwirtschaft außerdem eines Besseren belehrt: Golf, so die Lehre, braucht eine Vision. Es braucht die Leidenschaft, etwas Einzigartiges schaffen zu wollen und das Bekenntnis zu Qualität. Dann zieht es die Fans zum Golfen auch in die hintersten Ecken der Welt. Dornoch ist überall – man muss es nur wollen.

# *Ausgemustert*

### *Vier Open-Plätze*
### *für Liebhaber*

Der Bus hält auf dem Parkplatz hinter dem Clubhaus von Muirfield und heraussteigt eine Schar von Männern, sichtlich ermüdet von einem Transatlantikflug nach Edinburgh, der am gleichen Morgen erst sein Ende gefunden hat. Hier beginnt ihre Mission, die eine Woche dauern wird und nur ein Motto hat: die Open. Sie werden Muirfield spielen, den Old Course von Royal Troon, natürlich den Old Course von St Andrews und Carnoustie sowie den Ailsa Course von Turnberry. Fünf Linkskurse, die zur sogenannten Open-Rota gehören, dem Kreis von Gastgebern der British Open. Neun Plätze sind es insgesamt, aber die schottische Open-Tour gilt als die populärste, weil sie den Old Course in St Andrews enthält. Sie ist, so viel steht fest, ein ziemlich exklusives Vergnügen, weil eine Runde in Muirfield am Wochenende inzwischen mit 400 Pfund zu Buche schlägt, der Ailsa-Kurs nur fünf Pfund billiger ist und es ohnehin nur einen einzigen British-Open-Platz gibt, der weniger als 200 Pfund Greenfee verlangt: Der Old Course lag 2020 bei einer Rate von 195 Pfund.

Ein jeder der Open-Plätze ist zweifellos großartig. Spektakuläre Linkskurse, jeder mit einer Eigenart. Lytham mit seinen 205 Bunkern ist flach und eng, Birkdale mit seinen großen Dünen weit gewaltiger. Der Old Course bedeutet Historie pur, St. George's gilt als der Platz mit vielen blinden Schlägen, Ailsa mit seinem Leuchtturm ist optisch gewaltig und Carnoustie brutal schwer. Portrush bleibt die Perle im Norden, Liverpool ein oftmals unterschätzter Klassiker. Royal Troon schrieb zuletzt Schlagzeilen, weil man als letzter der austragenden Clubs Frauen als Mitglieder zuließ. Eine Reise wert sind sie alle. Und doch gibt es ein Open-Quartett, das man nicht missen sollte, weil sie diese Neun ergänzen. Prestwick, Musselburgh, Royal Cinque Ports und Prince's – ebenfalls Austragungsorte der British Open, nur inzwischen aus vielerlei Gründen von der Rota verschwunden.

Keine fünf Minuten Fahrtzeit von Royal St. George's entfernt, liegt die Golfanlage von Prince's, die inzwischen 27 Löcher umfasst und nur 1932 für die Austragung genützt wurde. Es war ein in vielerlei Hinsicht außergewöhnliches Turnier, weil Gene Sarazen zum einen mit 283 Schlägen einen neuen Turnierrekord aufstellte, vor allem aber das gerade erfundene Sandwedge erstmals zum Einsatz brachte. 1943 aber sorgte der Platz noch einmal für Schlagzeilen mit einem Golfer, der bei der Open 1935 in Muirfield der beste Amateur im Feld gewesen war. Percy Belgrave Lucas, in seinem Heimatclub Prince's allgemein als Laddie bekannt, war ein verwegener Flieger, der sich im Zweiten Weltkrieg bei der Verteidigung Maltas mit seinem 249er-Geschwader einen Namen gemacht hatte. Von Berufs wegen Sportjournalist hatte sich Laddie bei Ausbruch des Zweiten Weltkriegs bei der Royal Air Force freiwillig gemeldet. Im Juli 1943 flog Laddie mit seiner Spitfire zurück von Frankreich, als seine Maschine angeschossen wurde. Das Flugzeug verlor an Höhe, das Wasser rückte näher, als der Pilot die Fairways seines Heimatplatzes Prince's näherkommen sah.

Das Gelände des Linksgolfplatzes kannte er perfekt. Im Clubhaus war er geboren worden, sein Vater Percy Montague Lucas war einer der Clubgründer. Tagein, tagaus hatte er hier seine Golfrunden gedreht. Laddie nahm Kurs auf den Platz, verpasste das zweite, das vierte, das achte und neunte Fairway, bevor sein Flugzeug kurz vor dem Zaun an der Grundstücksgrenze hielt. Er war zu Hause, etwa einen Wedge-Schlag vom dritten Grün des Himalaya-Courses entfernt. Und er war sicher. Am nächsten Tag erhielt er ein denkwürdiges Telegramm von einem seiner besten Freunde, dem bekannten britischen Golfjournalisten Henry Cotton: „Driven out of bounds again Lucas", hieß der Text, der sich nur schlecht ins Deutsche übersetzen lässt, weil das Wort Drive im Englischen eben diese wundervolle Zweideutigkeit hat.

Heute steht an der Stelle, an der das Flugzeug landete, ein kleines Denkmal mit dem Propeller des Flugzeugs. Das Meer hört man rauschen, so nah ist es, und die Fairways und Grüns sind so hart und kurz rasiert, dass sie auch heute noch eine perfekte Landebahn abgeben würden. Laddie jedenfalls ist eine Legende im Club – und seine Geschichte eine der besten unter den Geschichten zu den British-Open-Plätzen, die es gibt.

Von Royal Cinque Port, keine zehn Minuten entfernt von dort, heißt es, Julias Cäsar sei im Jahr 55 vor Christus hier an der Küste vor dem Örtchen Deal gelandet und habe einen Eroberungsversuch gestartet. Er scheiterte ebenso wie der Amerikaner Walter Hagen, der hier 1920 versuchte, den Titel des Open Champion zu holen. Deal ist ein Ort, der dem Besucher offenbar alles abverlangt. Royal Cinque Ports, wo die Open 1909 und 1920 ausgetragen wurde, gilt als der schwerste Linkskurs Englands. Wer trotzdem sein Glück versucht, wird an schönen Tagen dafür auch mit einer der besten Aussichten belohnt. Die White Cliffs entlang der Küste sind von hier aus perfekt im Blick. Inwiefern sich Julius Cäsar für sie interessiert hat – keine Ahnung.

In Prestwick ist es ein kleiner Stein westlich des Clubhauses, der an die erste Open Championship 1860 erinnert. Der Platz, noch heute unkonventionell, bestand zu jener Zeit aus nur zwölf Löchern. Acht Golfer spielten um den Preis, den die Clubmitglieder gespendet hatten: ein roter marokkanischer Ledergürtel, verziert mit allerlei silbernen Ornamenten. Willie Park aus Musselburgh absolvierte damals dreimal eine Runde mit den zwölf Löchern, um zu gewinnen. Fest steht: Verglichen mit 1860, als das erste Loch 528 Meter lang war, ist die Eröffnungsbahn inzwischen ein Kinderspiel. Überhaupt ist der Platz nicht lang, dafür aber extrem ungewöhnlich, wobei die Riesendüne namens Himalaya an Bahn 5 zweifellos die Krönung ist. Es ist das berühmteste blinde Par-3-Loch im Golf, was in der Praxis bedeutet, dass man vor einer riesigen Sandwand abschlägt und darauf hofft, dass der Ball irgendwie das Grün dahinter trifft. So sehen Golferlebnisse aus.

Bleibt der Old Course von Musselburgh Links, auf dem die Open sechsmal zwischen 1874 und 1889 ausgespielt wurde, und Mary, die Königin der Schotten, schon im 16. Jahrhundert ihre Runden drehte. Inzwischen ist der 9-Löcher-Platz, der innerhalb einer Rennbahn liegt, ein wenig in die Jahre gekommen. Sieht man einmal vom historischen Aspekt ab, macht eine Runde für einen Besucher eigentlich wenig Sinn. Es gibt weit Besseres in der Gegend. Gut möglich aber, dass sich dies ändert. Pläne für eine bessere Zukunft des Platzes sehen ein Redesign vor, das eine echte Open-Erfahrung aus dem 19. Jahrhundert ermöglichen soll. Ein Linkskurs im Kleinformat soll es werden, sandig, trickreich, hart und schnell. Klingt verlockend.

# Mission Hills
# in China

*Golf ganz groß im Reich der Mitte*

Irritierend waren die Security-Typen mit der Maschinenpistole. Egal, ob sie abends am Ausgang der Hotelbar standen oder morgens neben der Ballausgabe an der Driving Range. Fakt war: Sie sahen so aus, als sei ihnen nicht zum Scherzen zumute. Ganz offensichtlich verfolgten sie ein Ziel. Zum Teil bestand es darin, dem Besucher das Gefühl zu geben, dass er unter Beobachtung stand – beim Golfen.

Der Ort des Geschehens war keineswegs ein Bürgerkriegsgelände irgendwo auf dem afrikanischen Kontinent, sondern das größte Golfresort der Welt. Sein Name: Mission Hills Shenzhen und Dongguan, seit 2004 mit elf 18-Löcher-Championship-Kursen und einem Elf-Löcher-

Par-3-Loch als Rekordhalter im Guinness Buch der Weltrekorde platziert.

Das ist insofern bemerkenswert, als Mao den Golfsport Mitte des 20. Jahrhunderts noch als Millionärshobby verboten hatte und China seinen ersten Golfplatz überhaupt erst 1984 bekam. Die Thematik Golf ist dort bis heute nicht unumstritten, auch deshalb, weil zwischen 1984 und 2015 unzählige Golfplätze ohne Genehmigung gebaut wurden. Eigentlich wurde die Neuanlage von Golfplätzen 2004 erneut verboten, was aber nichts daran änderte, dass es schon zehn Jahre später mehr als tausend Golfplätze gab. 2004 waren es gerade einmal 176.

Wenn man Anfang dieses Jahrhunderts als Europäer nach Shenzhen zum Golfen fuhr, fühlte sich das an wie ein Ausflug in ein Golfentwicklungsland. Mit einem Schnellboot aus Hongkong über Macau ist es ein Halbtagestrip bis in die riesige Produktionsmetropole Shenzhen, wo der Smog jedes Gebäude umnebelt, Bienenwabenhochhäuser an jeder Ecke stehen und das Grün eines Golfplatzes nicht mehr als eine ferne Sehnsucht ist.

Der Übergang erfolgt abrupt, am Ende der Stadt. Dort fährt das Taxi durch die Einfahrt von Mission Hills – und man ist im Urwald.

Eine Golfwelt auf einer Fläche von 40 Quadrat-kilometern voller bewaldeter Berge, in welche der CEO der Mission Hills Group im Schnell-verfahren ab 1992 Golfbahnen holzen ließ. Nur um ein Gefühl von der Größe der Anlage zu ver-mitteln: Der New Yorker Central Park hätte in Mission Hills sechs Mal Platz.

Generell unterscheidet sich das Golfbusi-ness in China nicht wesentlich vom Uhren- oder Autogeschäft. Glanz, Glitter und ein prächtiger Name sind die Grundlage des Erfolgs. Weshalb man in Mission Hills also eine Menge Geld da-für ausgegeben hat, dass ein Dutzend berühm-ter Golfer ihre Namen für das Design der Plät-ze hergaben. Wie viele von ihnen während der Bauphase tatsächlich vor Ort waren, sei dahin-gestellt. Es heißt, der einzige, der sich tatsäch-lich um den Bahnverlauf und das Aussehen der Grüns gekümmert habe, sei der Australier Greg Norman gewesen, der den CEO Ken Chu, den in China schon damals jeder Mr. Golf nannte, mit seiner relaxten australischen Zeitauffassung ein wenig aus der Fassung gebracht habe. Tat-sächlich haben sich die Überlegungen Normans gelohnt. Eine Runde auf diesem Norman-Kurs, der zu den schwersten Golfplätzen Asiens zählt, ist eine beeindruckende Dschungelschlacht mit

Gräben, Schluchten, wilden Bunkerformationen und dem stetigen Gefühl, ganz weit weg zu sein von jeglicher Zivilisation.

Genau genommen hat man Mission Hills in einen ärmlichen Landstrich gesetzt. Gongguan, an das die eine Seite des Golfresorts grenzt, war vor dem Bau des Golfresorts kaum mit Shenzhen durch vernünftige Straßen verbunden. Fahrräder gab es in der ärmlichen Stadt unendlich viele, Pkws waren eine Seltenheit. Luxuskarossen, wie sie heute tagtäglich in den Hotels und vor den Apartmenttürmen von Mission Hills vorfahren, sah man selten.

In Mission Hills kann man sich zwei Stunden an die Auffahrt eines der beiden 5-Sterne-Hotels setzen und einen Autocorso erleben, der dem unerfahrenen China-Reisenden einen Schnellkurs in Sachen Superkapitalismus vermittelt und ihn wissen lässt, dass Golf in China ein Sport des Geldes ist. Viel Geld genau genommen. Letzteres gibt der golfende Chinese gerne auch im weltgrößten Clubhaus mit 63.000 Quadratmeter Fläche aus, in dem es an jeder Ecke blinkt, glitzert und glänzt.

Selbst die Damen hinter den gefühlt 50 Kassen und Computern wirken ein wenig wie aus einer anderen Welt. 50 identisch lächelnde Chinesinnen – kann das echt sein? Hinter dem Lächeln verbirgt sich jedenfalls Autorität: Wer hier golfen möchte, muss ein Stückchen Diktatur auch im Tourismus akzeptieren. Will heißen: Das Verschieben einer Abschlagszeit ist keine Option, Sonderwünsche kommen gar nicht gut an und wer sich jenseits der vorgegebenen Wege auf den Plätzen bewegt, trifft besagte Typen von der Security, die einen auf den rechten Pfad verweisen. Morgens bei Sonnenaufgang dröhnt ein lautes Gebrüll vom Clubhaus ins Hotel. Wie bei der nächsten Militärparade haben sich dort die allesamt weiblichen Caddies perfekt aufgereiht, um die Ansprache ihres Chefs zu verinnerlichen. Den Rest des Tages werden sie freundlich nicken, Schläger anreichen, vielleicht den einen oder anderen Satz auf Englisch auspacken und aus ihrem eigentlichen Leben erzählen, das sich jenseits des Luxus von Mission Hills abspielt und vor allem ärmlich ist. Mit der Welt des Marmors, der glitzernden Kronleuchter, der ledernen Golfbags, Gucci-Täschchen und Chanel-Mützen aus dem Clubhaus und dem Proshop hat ihre Welt nichts gemein. Was der Grund dafür ist, dass ein Golfurlaub hier mehr ist als nur eine Begegnung mit exotischen Golfplätzen, wie sie es zu Tausenden auf dieser Welt gibt. Dies ist auch ein Kulturtrip, bei dem man lernt, dass man besser gehorcht, wenn die Bar abends um zehn geschlossen wird und der Ordner die Gäste in ihre monströsen 5-Sterne-Betten zurückschickt. Tourismus in China ist toll: Einer gibt den Ton an – und das ist nicht der Gast.

Bei genauer Betrachtung spielt das aber keine Rolle. Aus dem einfachen Grund, weil es in China inzwischen 400.000 Golfer gibt und sich der Sport einer Zuwachsrate von über sieben Prozent erfreut. Damit ist es völlig egal, ob sich ein paar Hundert Deutsche, Schweizer oder Engländer im Jahr nach Mission Hills verlieren, weil das eigentliche Business vor der Haustür beginnt. Der golfende Chinese ist Einnahmequelle genug, weil er zu den Topverdienern dieser Milliardenbevölkerung zählt, was bedeutet, dass er reich ist, richtig reich.

Als Mr. Golf Ken Chu im November 2001 Tiger Woods für zwei Millionen Dollar nach Mission Hills holte, um das Resort in die Schlagzeilen zu bringen, gab es reichlich Eltern, die 30.000 bis 50.000 Dollar dafür bezahlten, dass ihr Sohn oder ihre Tochter nur ein Golfloch lang neben dem Superstar herlaufen durfte. Die Rate pro Spielbahn für einen Erwachsenen lag bei 80.000 Dollar. Tiger Woods zahlte 500.000 Dollar chinesische Steuern auf die zwei Millionen Antrittsprämie und wurde damit 2001 zum größten Steuerzahler von Shenzhen – was auch damit zu tun hat, dass die richtig reichen Chinesen zu diesem Zeitpunkt bereits das Thema Steuerflucht für sich entdeckt hatten. Sie spielten zwar in Mission Hills Golf, ihr Einkommen versteuerten sie aber nicht in Shenzhen, wo sie es eigentlich verdienten.

Die Szenerie bei diesem Tiger-Woods-Tag war auf jeden Fall so, dass es jeden golferfahrenen Briten vor Grauen geschüttelt hätte: Die Kinder quietschten und redeten, die Eltern fotografierten ohne Unterlass, in den Bunkern spielten andere Kinder und im Semirough standen zig Chinesen und unterhielten sich lautstark wie bei einem Sommerfest. So unbritisch die Veranstaltung aber auch gewesen sein mag – sie war ein Erfolg auf ganzer Linie. Das Bild der golfbegeisterten Chinesen mit Tiger Woods und Mr. Golf ging durch die chinesische Presse. Die Welt erfuhr von Mission Hills und dem Megaprojekt eines Chinesen, der ein Golfresort der Superlative wollte, koste es was es wolle. In China werden eben auch verrückte Golfwünsche ganz schnell wahr.

# TURNIERE

# Ryder Cup

*Golffestival
und Geldmaschine*

Kurz erklärt, funktioniert der Ryder Cup so: Ein Italiener und ein Amerikaner stehen sich im Lochspiel auf einem Platz in Frankreich gegenüber. Und am Rande des Grüns bekommt ein deutscher Zuschauer beinahe einen Herzinfarkt vor Aufregung, wenn der Italiener den Putt zum Gewinn des Matches vorbeischiebt.

Der Ryder Cup ist ein Teamspiel – und die sind im Golfsport nun einmal ziemlich selten, weshalb Golf generell als Einzelsportart empfunden wird, bei der jeder seine eigene Runde zählt, auf Gedeih und Verderb seinem eigenen Schicksal überlassen. Beim Ryder Cup jedoch, der übrigens zum ersten Mal 1927 ausgetragen wurde, ist alles anders. Da reisen zwölf Mann eines amerikanischen Teams und zwölf Mann eines europäischen Teams im Wechsel alle zwei Jahre auf einem europäischen oder amerikanischen Golfplatz an und spielen als Mannschaft gegeneinander. Der Sieg des Einzelspielers hängt ab von der Performance seiner Kollegen – Golf wird urplötzlich zum Sport des Miteinanders, des Hoffens und Bangens auf einen gemeinsamen Punkt.

Insofern ist dieser Kontinentalwettkampf geradezu ein Paradebeispiel für das Konzept Europa. Schließlich gibt es auch im Sport nicht allzu viele Veranstaltungen, bei denen ein Team antritt, das sich aus allerlei Akteuren zusammensetzt, die irgendwo zwischen Südportugal und Nordschweden zu Hause sind. Meist gibt es nur die klassischen Nationalmannschaften, die beim Fußball, Handball oder ähnlichen Aktivitäten um nationale Ehren ringen. Diese so simple Idee, „die Besten Europas gegen die Besten der USA" antreten zu lassen, ist ein Erfolgsrezept. Schließlich gilt der Ryder Cup inzwischen nach den Olympischen Spielen und der Fußballweltmeisterschaft als das drittgrößte mediale Event der Welt. Er ist ein Spektakel, das Massen bewegt, was eigentlich kurios ist, weil seine Anfänge so simpel waren.

Als Samuel Ryder, nach dem das Turnier benannt ist, seine Vorliebe für gutes Golf entdeckte, war er schon über 50 Jahre alt und Mitglied im britischen Golfclub Verulam. Der Gentleman mit dem Schnurrbart und der drahtigen Figur galt als eine bekannte Größe in seinem Wohnort St. Albans, weil er es mit einer gleichermaßen eigentümlichen wie innovativen Geschäftsidee zu einem Vermögen gebracht hatte: Er verkaufte Blumensamen in kleinen Tütchen, die jeweils nur ein paar der Kügelchen enthielten. Noch heute hängen die kleinen Beutelchen in jedem Gartenmarkt an Ständern – Ryder machte diese scheinbar so simple Verkaufsidee zum Millionär.

In seiner Freizeit wurde er zunehmend zu einem passionierten Förderer des Golfspiels. Zusammen mit seinem Bruder lud er Professionals zu Schaukämpfen ein und lobte im Juli 1925 150 Guineas Preisgeld für das „International Match" aus, bei dem über 72 Löcher im Matchplay-Format die Briten George Duncan und Abe Mitchell gegen die Amerikaner Walter Hagen und Macdonald Smith antraten. Es war schon damals ein Zuschauererfolg: 5.500 Zuschauer verfolgten die Partien in St. George's Hill im britischen Surrey, welche die Briten mit 4:2 gewannen. Die Atmosphäre war großartig, weshalb Ryder die Idee weiterverfolgte und ein Jahr später das erste inoffizielle Match zwischen Großbritannien und den USA in Wentworth stattfinden ließ. Wieder genoss Ryder die Atmosphäre sehr und spendete deshalb zum Abschluss der Veranstaltung eine kleine Trophäe aus Gold, die er von der Mappin & Webb Company in London anfertigen ließ – den Ryder Cup.

Mit der Premiere der Veranstaltung 1927 im Worcester Country Club in Massachusetts begann die Historie eines Wettkampfs, der bis heute zahlreiche Änderungen des Spielmodus erlebt hat. Mal wurde um zwölf Siegpunkte gespielt, mal um 32. Die Besetzung der Teams änderte sich bezüglich Zahl und Nationalitäten: Zuerst traten nur Briten und Iren gegen die Amerikaner an, bis die Übermacht der USA so groß wurde, dass die Partien zunehmend an Reiz verloren. 1975 holten sich die Amerikaner in Laurel Valley/Pennsylvania den 17. Sieg in der 21. Begegnung: Das Ergebnis von 21:11 war für das Team Großbritannien/Irland wieder einmal ernüchternd. Dem Ryder Cup drohte jegliche Spannung und damit auch die Akzeptanz der Zuschauer und Sponsoren wegzubrechen. Eine Änderung musste her.

Majorchampion Jack Nicklaus, zu diesem Zeitpunkt bereits die Stimme des amerikanischen Golfs, formulierte es wie folgt: „Ich habe das Gefühl, dass das Turnier als Wettkampf dringend eine Änderung des Formats benötigt. Was die amerikanischen Spieler betrifft, so will jeder ins Team und genießt die Ehre, teilnehmen zu können, aber viele finden es inzwischen schwer, sich für die Matches wirklich zu motivieren." Die Erweiterung des Teams Europa war damit beschlossen – 1979 im Nobelresort „The Greenbrier" in West Virginia stand zum ersten Mal ein Team Kontinentaleuropas am Abschlag – aus USA gegen Großbritannien und Irland war USA gegen Europa geworden.

Womit wir beim ersten Auftritt eines Mannes wären, der den Ryder Cup in wesentlichen Teilen prägen sollte: Severiano Ballesteros, der emotionale Spanier, ein Typ mit Charisma, lief heiß, wenn es die Situation erforderte. Beim Ryder Cup war das eigentlich in jeder Minute der Fall. Schon deshalb weil Seve, wie ihn alle nannten, bei dieser Gelegenheit Matchplay, also Mann-gegen-Mann spielen konnte. Und mit einem leibhaftigen Gegner direkt vor der Nase lief Ballesteros eben zur Höchstform auf. Was allerdings keineswegs bedeutete, dass sich seine Gegner mit einem überaus soliden und geradlinigen Spiel konfrontiert waren. Ganz im Gegenteil: Seve war der Magier, der Mann, der aus miserablen Schlägen noch Erfolgsmomente machte. Was im Golf bedeutete: Selbst aus Katastrophenlagen rettete er mit seinem herausragenden kurzen Spiel und Ballgefühl noch irgendwie den Punkt.

Tatsächlich spielte der Spanier bei seinen 37 Ryder Cup Matches aus Lagen, die kein anderer Ryder-Cup-Teilnehmer überhaupt kennenlernte. Er chippte unter Büschen und Bäumen hervor, verschwand hinter Hecken und Zuschauerrängen, um dort über eine möglichst brillante Lösung zu grübeln. Heraus kamen immer wieder Schläge, die auf wundersame Weise auf dem Grün landeten und dem Gegner den letzten Nerv raubten. Nein, ein einfacher Gegner war Ballesteros nie, auch deshalb nicht, weil er die „psychologische Kriegsführung" auf dem Golfplatz in besonderem Maße beherrschte. Wer gegen den Spanier antrat, sah sich in Regeldebatten verwickelt, erntete spitze Bemerkungen und musste eben auch verkraften, dass er den Rückschwung immer wieder mal durch einen plötzlichen Hustenanfall unterbrach. Der Gegner reagierte in der

Regel entnervt – aber das Team Europas war inspiriert.

Europas Golfszene erlebte in dieser Zeit ohnehin einen Aufschwung. Plötzlich waren da junge Spieler, die selbst auf amerikanischem Boden gewinnen konnten. Ian Woosnam, Severiano Ballesteros, Sandy Lyle, Nick Faldo und Bernhard Langer machten Europas Golf zu diesem Zeitpunkt mit ihren Majorsiegen salonfähig. Und aus dem ewigen Underdog „Europa" beim Ryder Cup wurde 1985 in The Belfry plötzlich ein Siegerteam. „Das war der Tag, an dem Europas Golf erwachsen wurde", resümierte Kapitän Tony Jacklin, der erstmals auf die sogenannten „Big Five" Europas im Team zählen konnte: Zusammen mit ihren Kollegen holten sie den Sieg mit 16,5 zu 11,5 Punkten. Es war ein Wendepunkt, der letztendlich die Verwandlung des Ryder Cup zum Massenspektakel möglich machte. 25.000 Zuschauer säumten auf dem Platz von The Belfry die Fairways, die Presse berichtete ausführlich.

Sechs Jahre später, im berühmten „Krieg an der Küste" in den USA mauserte sich die Veranstaltung endgültig zum großen TV-Event. Die Matches im Kiawah Island Resort an der Küste South Carolinas waren von Beginn an emotionsgeladen. Schon vorher war klar, dass die Begegnung relativ ausgeglichen verlaufen würde. Zeit für allerlei unfaire Tricks und Spielchen also, die nicht unbedingt etwas mit dem Golfspiel an sich zu tun haben – so wie die Kampagne „Weck den Feind auf", die der Radiomoderator Michael D. aus Charleston ins Leben rief, und die dafür sorgte, dass die Telefone in den Zimmern der europäischen Ryder-Cup-Spieler mitten in der Nacht während der Turnierwoche ununterbrochen läuteten. Es war nur eine der Spitzfindigkeiten außerhalb des Golfplatzes, die den Ausgang der Veranstaltung beeinflussen sollte. Auch die Golfkappen im Army-Stil, die die Profis des US-Teams als Haarbedeckung wählten, sorgten nicht wirklich für freundschaftliche Atmosphäre.

Am Ende war es Bernhard Langer, der für den Höhepunkt der Veranstaltung sorgte und das Motiv für eine Fotografie lieferte, die bis heute für die Emotionalität und Anspannung einer Ryder-Cup-Teilnahme steht. Dem Deutschen blieb, zusammen mit dem Amerikaner Hale Irwin als letzte Paarung auf dem Platz, am 18. Loch die Aufgabe, mit einem Putt aus 1,80 Meter zumindest den Gleichstand für Europa zu holen. Wegen zwei Spikemarken in der

Puttlinie diskutierte er mit Peter Coleman ausgiebig über die richtige Linie. Am Ende fiel die Entscheidung, den Putt gerade zu putten, um die Spikemarken zu umgehen. „Es hat sehr viel Spekulationen darüber gegeben, warum ich diesen Putt verpasst habe", erklärte Langer später. „Tatsächlich habe ich den Ball gut getroffen. Ich nehme an, ich habe ihn leicht verlesen, wahrscheinlich der Spikemarken wegen." Als der Ball am Loch vorbeilief, sackte Langer mit schmerzverzerrtem Gesicht auf dem 18. Grün des Ocean Course in die Knie – der Ryder Cup ging mit 14,5 zu 13,5 an die Amerikaner. Es war „der Putt mit dem höchstmöglichen Druck in der Geschichte des Golf", meinte der langjährige Sekretär des Royal & Ancient Golf Club of St Andrews, Michael Bonallack, später.

Langers Ryder-Cup-Karriere sollte der missglückte Ryder Cup trotzdem nicht weiter beeinträchtigen. Mit zehn Teilnahmen, 42 Matches und 24 gewonnenen Punkten ist der Deutsche nach wie vor die Nummer 2 unter Europas erfolgreichsten Spielern, nur übertroffen vom Briten Nick Faldo, der es auf elf Teilnahmen brachte. Auf dem Platz allerdings hätten die beiden Rekordhalter kaum unterschiedlicher sein können: Während Nick Faldo stets ein wenig die unnahbare Diva blieb und die Konkurrenz auch durch sein gewaltiges Ego und die fast schon übermächtige körperliche Dominanz in die Grenzen verwies, war Langer stets der Typ, der jeden Gegner durch ein unerreichtes Maß an Konzentration, Geduld und Taktik an den Rand der Verzweiflung brachte. Gleichzeitig galt der Deutsche stets als der Teamspieler schlechthin, der trotz seiner Erfolge keinerlei Flausen und Arroganz zeigte. Ganz im Gegenteil: Dem gleichmütigen Deutschen stellte man Anfänger, komplizierte Kandidaten, Hypernervöse zur Seite. Wohl wissend, dass sie mit ihm zusammen selbst unter größtem Druck schon einen Weg zum Erfolg finden würden.

Langer hat mit seiner unnachahmlichen Ruhe auch Europas höchsten Sieg in der Geschichte des Ryder Cup möglich gemacht: 120.000 Zuschauer verfolgten 2004 drei Tage lang das Aufeinandertreffen der hoch favorisierten Amerikaner mit den Underdogs in Europa in Oakland Hills bei Detroit. Allen Unkenrufen zum Trotz aber übernahmen die Europäer von Beginn an die Führung, setzten sich mit 11,5 zu 5,5 vor den Einzeln ab und holten sich ungefährdet mit 18,5 zu 9,5 den Sieg. Während Langers Gegenspieler bei den Amerikanern,

Kapitän Hal Sutton, ständig auf falsche Vierer-kombinationen setzte, entwickelte Langer ein untrügliches Gespür für die richtigen Konstel-lationen. Wo Sutton auf diktatorische Ansagen setzte, bevorzugte Langer eine ruhige, aber sehr bestimmte Autorität. Die wirkte selbst nach dem berauschenden Sieg: Bei der Pressekonfe-renz am Abend nach der Siegerehrung hatte ein Teil des Teams Europa erkennbar schon zu viel Champagner getrunken. Ein scharfer Blick vom Kapitän in der Mitte des Podests sorgte dafür, dass nur noch jene Europäer das Wort ergriffen, die nicht zu alkoholisiert waren.

Langer ist nicht der einzige Deutsche, der ein Stück Ryder-Cup-Geschichte geschrieben hat. Sein Kollege Martin Kaymer, mit dem Langer allerdings nie zusammen in einem Team stand, verwandelte 2012 im Medinah Country Club in seinem Match gegen den Amerikaner Steve Stricker den entscheidenden Putt zu einem Sieg, an den im Team Europa niemand mehr ge-glaubt hatte. Vier Punkte lagen die Europäer vor den abschließenden Einzeln zurück, bevor eine Aufholjagd begann, die zum Sieg von 13,5 zu 12,5 führte und als das „Wunder von Medinah" in die Geschichte des Ryder Cup einging. Für Martin Kaymer war es einer der Höhepunkte in seiner Karriere. Nach der Runde jedenfalls sah man ihn abwechselnd mit der Europa- und der Deutschland-Flagge durch die Zuschauerreihen laufen. Es war wohl der emotionalste Moment im Verlauf seiner bis dato insgesamt vier Ryder-Cup-Einsätze.

Seine wechselvolle Historie, das Auf und Ab des Geschehens haben den Ryder Cup längst zum erfolgreichsten Produkt im Golfsport gemacht. Es ist, so muss man ganz klar sagen, längst die Cashcow dieser Sportart, die alle zwei Jahre extreme Einnahmen an die Veranstalter und die beteiligten Verbände ausschüttet. Dabei waren die finanziellen Anfänge doch so schwierig: Als die Europäer 1927 mit dem Schiff Britannia nach Amerika übersetzen wollten, musste die Zeitschrift „Golf Illustrated" erst einmal eine Spendenaktion starten, um die noch nötigen 3000 Pfund zu sammeln. Und auch die Spieler waren lange Zeit finanziell nicht sonderlich gut bestückt. Der Brite Peter Alliss, der zwischen 1953 und 1969 acht Ryder Cups bestritt, beschrieb seine wirtschaftliche Situation einmal so: „Wir kamen schon so über die Runden. Wir spielten zusammen die Trainingsrunden und gingen gemeinsam zum Dinner. Wenn die Ryder-Cup-Matches dann um waren, gingen wir alle zurück in unsere Clubs, um wieder im Pro-shop ein paar Pullover zu verkaufen.“

50 Jahre später ist die Lage eine komplett andere: Beim Ryder Cup 2018 im französischen Le National vor den Toren Paris ließen sich die Protagonisten mit ihren Ehefrauen im Schloss von Versailles beim Dinner bekochen – die gro-ße Show mit Frack und Abendkleid. Das Brim-borium um das Event hat längst seltsame Aus-maße erreicht, die zum Beispiel am Amt des Vizekapitäns erkennbar sind. Beim Ryder Cup 2010 in Celtic Manor reiste Europa immerhin mit fünf Stellvertretern an. Der Ryder Cup sei das Event, bei dem man für so ziemlich jeden Profi im Seniorenstatus schon noch einen Job finden werde, witzelte die britische Presse.

Nach wie vor gilt allerdings: Bezahlt werden die Spieler nicht, dafür liegen jeden Abend im Hotelzimmer exklusive Geschenke bereit und es wird eine sechsstellige Spendensumme für einen Charity-Zweck nach dem Willen des Spie-lers bereitgestellt. Damit die Motivation hoch-gehalten wird, lässt man Sportstars wie Michael Jordan als Speaker einfliegen, die in den eigens dekorierten Teamräumen dann die Mannschaf-ten heißmachen sollen. Soll es eine Tapete im Europa-Blau sein oder ein Teppichboden im

Stars-and-Stripes-Design? Im Vorfeld des Ryder Cup werden selbst bei der Dekoration der Mannschaftsräume keine Kosten und Mühen gescheut – das Spektakel hat zum Teil längst absurde Dimensionen erreicht.

Trotzdem bleibt die Faszination dieser Veranstaltung – selbst zu Hause am Bildschirm für die Millionen von Fans, die den Ryder Cup nur im Fernsehen verfolgen. Live am Platz allerdings ist die Stimmung wirklich übermächtig: Wenn die Kampfgesänge auf den Zuschauertribünen hinter dem ersten Abschlag morgens in der Dämmerung beginnen und Weltklassestars erkennbar Mühe haben, vor Nervosität einen geraden Ball zu schlagen, wird aus dem Marketing-Spektakel Ryder Cup wieder dieses eigentlich so einfache Spiel: Mann gegen Mann, entweder im Einzel oder im Vierer. Was zählt, sind allein der Sieg und das Team. Aus zwölf Individualisten werden plötzlich Europäer.

# The Masters

*Eine Inszenierung in Grün*

Irgendwann wird man Teil dieses Theaters. Keine Ahnung, wann es bei mir so weit war. In mehr als 20 Jahren, in denen ich Jahr für Jahr im April vom Parkplatz an der lärmigen Washington Road mit all ihren Tankstellen, Fastfood-Läden und Supermärkten durch den Presseingang ging und dann für eine Turnierwoche lang in der abgeschotteten Welt des US Masters abtauchte, fing das Turnier an, sich in der eigenen Betrachtung zu wandeln. Aus einem der vielen Major-Veranstaltungsplätze wurde ein Lieblingsort – so wie man das von Dauerurlaubszielen kennt. Schon Wochen vor der Anreise fängt man an, das Ziel ein wenig verklärt zu betrachten. Bilder poppen im Gedächtnis auf: das strahlendweiße Clubhaus – einst Zentrum der Indigo-Plantage „Fruitland Nurseries", auf welcher der Platz von Augusta National 1933 eröffnet wurde. Die große Eiche davor, ihre ausladenden Äste. Von da aus der Blick auf die Szenerie des Platzes, der an eine perfekte Parklandschaft erinnert. Das dunkle Grün der Spielbahnen, das Tiefblau des Wassers, alles aufgelockert durch die blühenden Azaleen.

Wie viel von all dem ist Realität, wie viel Kunst, was Marketing? Wer das Masters und den Augusta National Golf Club verstehen will, lernt mit der Zeit, dass es einen fließenden Übergang zwischen allen diesen Teilen gibt. Erst dieser einmalige Mix aus Historie, Sport, Eventmarketing und einem guten Teil Disneyland ergibt am Ende das faszinierende Endprodukt Masters – das im Golfsport in vielerlei Hinsicht einmalig ist.

Es ist das einzige Einladungsturnier unter den Majors. Natürlich: Auch der Augusta National Golf Club orientiert sich bei der Auswahl der Spieler an Weltranglisten und Qualifikationsrichtlinien. Letztlich aber schreibt ein Offizieller im Club die persönlichen Einladungskärtchen für die Spieler und verschickt sie ordentlich mit der Post. Der Club behält sich das Recht vor, eine unerwünschte Person einfach nicht mit dem begehrten Schreiben zu bedenken – was ganz einfach deshalb möglich ist, weil das Turnier seit Anbeginn ein „Invitational" ist. Nur für geladene Profis eben. Was bei all jenen Weltklassespielern, die das Einladungsbriefchen dann in ihrem Postkasten finden, zu einem gewissen Gefühl des Dankes führt – recht ungewöhnlich in der Welt des Profisports, in der die Herren Tiger Woods & Co. längst gewohnt sind, sich zu nehmen, was sie wollen.

Nicht anders verhält es sich mit uns Journalisten. Die Akkreditierung für das Masters ist jene, die in der Welt des Golfsports am schwierigsten zu bekommen – und wahrscheinlich am leichtesten wieder zu verlieren ist. Was mir 1999 beinahe passierte, als ich am zweiten Turniertag, dem Freitag, auf dem abgesperrten Restaurant-Areal vor dem Clubhaus saß und ein Sandwich saß. Als Bernhard Langer die 18. Bahn heraufspielte, ich zum 18. Grün für ein Interview musste und der Kellner partout nicht mit der Rechnung erscheinen wollte, stand ich auf und bezahlte an der Außenbar vor dem Clubhaus. 45 Minuten später, die Zitate von Langer in der Tasche, kam ich im Media-Center an, um dort auf ein dickes „Sofort Melden"-Schild zu stoßen. Ich habe, so lautete der Vorwurf, die Zeche geprellt. Zwei Damen, die mit mir am Tisch beim Mittagessen gesessen hatten, hätten die deutsche Journalistin dem Kellner gemeldet. Weil es keine andere weibliche Vertreterin der deutschen Presse gab, war mein Name schnell gefunden. Meine Akkreditierung, so hieß es, würde mir sofort entzogen. Mit dem Presse-Officer im Schlepptau ging ich zur Bar, fand zum Glück den Kellner, bei dem ich bezahlt hatte, und konnte meinem Supervisor aus dem Mediabereich beweisen, dass das Prellen der Zeche eine falsche Anschuldigung war. Selten habe ich einen ähnlich betroffenen Pressemitarbeiter gesehen – tausend Entschuldigungen folgten. Tausend Beteuerungen, man habe es nicht so gemeint. Welch ein Zufall, dass sich mein Name dann in der Gruppe jener Journalisten fand, die am Montag nach dem Masters für eine Runde Golf auf den Platz dürfen.

Was mich seitdem eint mit all meinen Kollegen und übrigens auch den Spielern, ist der Respekt für die Autorität der Verantwortlichen. Die auf den ersten Blick scheinbar so harmonische Idealwelt eines Golfturniers ist nämlich bei genauer Betrachtung ein rigoros durchgezogenes Event, bei dem nichts Ungeplantes, nichts Unvorhergesehenes, nichts Ungewolltes passiert.

Kontrolle ist alles – und am Ende der Garant für den Erfolg.

Das beginnt mit dem Verkauf der Tickets, von denen keiner weiß, wie viele im Umlauf sind, nach welchen Kriterien sie verkauft werden, wie man sie am leichtesten erhält. Die jährliche Lotterie, für die man sich online anmelden kann, ist einen Versuch wert, aber die Erfolgschancen sind minimal. Wie viele Eintrittskarten der Augusta National Golf Club über diesen Weg vergibt, weiß niemand. Weshalb der Schwarzmarkt blüht, draußen auf der Washington Road und seit ein paar Jahren auch im Internet. Jene Tickets, die man dort kauft, gehören eigentlich den glücklichen Dauerkartenbesitzern, die ihre Eintrittskarten vor dem Jahr 2000 bestellten und seitdem Jahr für Jahr zugesandt bekommen. Dann wurde die Warteliste für Dauerkarten geschlossen – und sie wird wohl nie wieder geöffnet werden. Dabei sind die regulären Eintrittspreise für das Turnier durchaus erschwinglich. Als ich 2009 die Möglichkeit bekam, ein Ticket zu kaufen, lag der Preis deutlich unter 100 Dollar, auf dem Schwarzmarkt sind 800 Dollar pro Tag ein normaler Preis.

Lohnt es sich? Zweifellos, weil das Masters aus einer Vielzahl von Details besteht, die es in dieser Form bei keinem anderen Golfturnier diese Welt gibt: Das Par-3-Turnier am Mittwoch, das längst zur vielbeachteten Spaßveranstaltung für die Spieler, ihre Familien und Prominente geworden ist, die sich zu diesem Zweck sogar in weiße Caddie-Overalls stecken lassen. Die Zeremonie der Honorary Starter, die immer am Donnerstagmorgen das Turnier beginnen. Inzwischen hat die Besetzung gewechselt: Bei meinem ersten Einsatz als Journalist vor Ort standen noch Sam Snead, Gene Sarazen und Byron Nelson am Tee, um die ersten Schläge des Turniers auszuführen. Nach ihrem Tod übernahmen Arnold Palmer, Jack Nicklaus und Gary Player. Aus dem Trio ist inzwischen das Duo Nicklaus/Player geworden.

Die Show zum Turnierstart, bei der die Senioren meist nur noch eine Bahn spielen, lassen sich selbst Masters-Champions nicht nehmen. Phil Mickelson und Bubba Watson sieht man immer wieder in der Zuschauermenge am ersten Tee – begeistert wie zwei kleine Jungen.

Diese Veranstaltung reizt selbst sie, weil sie so anders ist. Das beginnt mit der Werbefreiheit von Loch 1 bis Loch 18. Was zählt, ist allein ein Logo – eine rote Flagge gesetzt in die gelben Umrisse des Bundesstaats Georgia. Diese

Marke des Masters ist allgegenwärtig auf Limobechern, Caps und Tees. Sie wird verkauft auf Kaschmir-Sweatern, Hundefutterdosen und Pyjamas, präsentiert in einem Merchandise-Shop, gegen den der des All England Lawn & Tennis Club in Wimbledon nur ein sehr kleiner, müder Abklatsch ist. Augusta National hat den Merchandise-Bereich 2018 nach einem massiven Umbau neu eröffnet. Das dezente, weiße Schildchen „Pro Shop" am Eingang ist pures Understatement, weil sich die Verkaufsware drinnen über diverse Räume erstreckt – die genaue Quadratmeterzahl ist übrigens – wie könnte es anders sein – geheim.

So wie das Rezept des Pimento Cheese Sandwich, das man unermüdlich Jahr für Jahr für 1,50 Dollar verkauft. Am teuersten ist das Bier für fünf Dollar, was damit zu tun haben mag, dass man beim Masters die Partyatmosphäre eines Ryder Cup oder einer British Open auf keinen Fall sucht. „Be quiet", „Stand still", „No run" lauten stattdessen die Anweisungen des Ordnungspersonals, die so formuliert werden, dass der angesprochene Zuschauer eigentlich nicht lange über Zuwiderhandlung nachdenkt.

Dies ist das Turnier der Regeln, der Gebote, die für so manche Überraschung sorgen. Wie die Geschichte der grünen Klappstühlchen – von denen auch ich inzwischen einen besitze. Ein Standardaccessoire für jeden Masters-Kenner. Morgens bei Rundenbeginn platziert der erfahrene Fan das Stühlchen am Grün seiner Wahl und verschwindet dann, um irgendwo an einem ganz anderen Loch seinen Lieblingsspielern zu folgen. Wenn er Stunden später zurückkehrt, um an Grün 17 oder 18 den letzten Flights des Tages zuzusehen, wird sein Platz frei sein – selbst dann, wenn hinter den vielen Klappstühlen Hunderte Zuschauer im Stehen zusehen müssen. Eingespielte Etikette nennt sich so etwas wohl, oder Masters-Tradition – auf jeden Fall bemerkenswert in Zeiten, in denen Großevents eigentlich zunehmend auf Security setzen müssen, um mögliche Unruhen zu vermeiden.

Das Masters aber hat nie diese Atmosphäre des Lauten, der Unruhe verströmt. Es ist das stilvolle Sommerkleidchen-Event, auf das der Geschäftsmann aus den USA seine halberwachsenen Töchter ausführt, bei dem die kleinen Jungs im sauberen Poloshirt auflaufen und das Tragen einer Jeans ein ziemlicher Tabubruch ist. Ab und an werden kleine Innovationen vom Club bedächtig eingestreut: so wie der Auftritt der EX-US-Außenministerin Condoleezza Rice, die 2013 an einem Eingangstor Masters-Besucher persönlich begrüßte. Im Grünen Jackett natürlich – so wie es sich für ein Neumitglied des wohl elitärsten Golf Clubs der Welt gehört.

Mit Frauen und Minderheiten hatte der Club historisch stets so seine Probleme. Der Aufnahme von Rice und Darla Moore in den Club ging eine jahrelange, in der Öffentlichkeit heftig geführte Debatte voraus, ob sich der Augusta National Golf Club als Veranstalter eines internationalen Spitzenevents der Gleichstellungsdebatte entziehen und als reiner Männerclub bestehen könne. Nicht viel anders verhielt es sich mit farbigen Mitgliedern und Spielern. Farbig waren beim Masters zu Beginn die Caddies und das Personal. Als Lee Elder 1975 als erster Afroamerikaner an den Start ging, war das eine Sensation. Dass ausgerechnet Tiger Woods, ebenfalls kein Vertreter des weißen Südstaaten-Establishments, das Turnier veränderte wie kein anderer Spieler vor ihm, ist zweifellos eine Ironie der Geschichte.

1997, als der 21-jährige Woods vor der Finalrunde das Turnier mit neun Schlägen Vorsprung anführte, konnte man am Sonntagmittag Lee Elder unter den Zuschauern treffen. Er war ganz früh morgens in Florida aufgebrochen, um den Sieg des jungen Mannes zu verfolgen. Als Woods zum ersten Tee lief, um seinen ersten Schlag zu machen, liefen ihm Tränen über das Gesicht. 50 Meter weiter, oben auf dem Balkon des Restaurants im ersten Stock des Clubhauses, war gleichzeitig kein Stehplatz mehr frei. Die Bediensteten des Augusta National Golf Club, fast alles Farbige, hatten sich dort einen Platz gesichert – um zuzusehen, wie Tiger Woods Geschichte schreiben würde.

Der Superstar Woods hat sich längst eingerichtet im Setting des Masters, „Homecoming" ist ein Begriff, den nicht nur er mit dem ersten Majorturnier des Jahres verbindet. Spieler wie Woods oder auch Bernhard Langer kennen nach Jahrzehnten der Teilnahme all die Verschrobenheiten und Regularien des Clubs, die Feinheiten des Umgangs, die das Turnier bestimmen. Als der Südafrikaner Charl Schwartzel nach seinem Masters-Sieg 2011 beschloss, beim traditionellen Champions Dinner am Dienstag vor dem Clubhaus selbst zu grillen, erntete er beim damaligen Clubchef Bill Payne gänzliches Unverständnis und ein unmissverständliches „Nein". Ein Barbecue außerhalb des Clubhauses sei nicht Stil des Clubs, hieß es. Wenn gegrillt werden solle, dann bitte in der Küche. Eines hatte der amtierende Charl Schwartzel zu diesem Zeitpunkt immerhin schon begriffen – Widerspruch innerhalb der Grenzen des Clubs ist sinnlos und wird nicht toleriert. Mag sein, dass man für den Sieg das Grüne Jackett überreicht bekommt, Rechte hat man deshalb aber noch lange nicht.

Wie viele dieser Regeln sind altbacken, rückwärtsgewandt, unnötig? Wer Jahr für Jahr nach Augusta kommt, erkennt: Sie sind Teil der Inszenierung, nur ein kleiner Faktor im großen Spiel. Tatsächlich nämlich ist dieses Turnier extrem progressiv – ein Frontrunner der Golfszene in gewisser Weise. Das ist es immer gewesen.

Noch heute sind Smartphones während der Turniertage auf dem Gelände strikt verboten, alte Tastentelephone stehen an der einen oder anderen Ecke bereit. Geht es aber um digitalen Fortschritt, so ist das Turnier sämtlichen Mitbewerbern längst enteilt. Das erste WLAN in einem Pressezentrum habe ich hier erlebt, die ersten digitalen Scoreboards auch. Mit dem stark ausgeweiteten Masters Stream nahm der Augusta National Golf Club 2019 in Sachen Übertragung den großen amerikanischen Fernsehstationen die Zügel fast aus der Hand.

Eigene Kommentatoren, eigene Kameras, ein durchgängiges Programm in Amen Corner und einzelner Spielergruppen: Damit hatte sich Augusta National Golf Club plötzlich als direkter Wettbewerber der traditionellen Fernsehsender etabliert und damit Maßstände im Major-Golf gesetzt.

Die Lust auf Neues hat das Masters immer geprägt. Das Erfolgsrezept der Veranstaltung besteht seit jeher darin, dass auf eine extrem moderne Basis eine dicke Schicht Traditionsbewusstsein und historisches Ambiente gelegt wird. 1962 stellte man – erstmals bei einem Golfturnier – Tribünen auf, 1981 installierte man am zwölften Grün Leitungen, mit denen die Temperatur des Bodens geregelt werden konnte. Selbst die Erfrischungsstände und der Sandwichverkauf, mit dem man bei der Premiere des Turniers 1934 begann, waren ein Novum.

Ein Ende der Innovationen ist nicht abzusehen. Das Faszinierende daran: Wenn das Masters am Montag mit der ersten Proberunde beginnt, wirken die neuen Gebäude, die veränderten Parkplätze, versetzten Bäume so, als befänden sie sich bereits seit Jahrzehnten genau an dieser Stelle – weshalb eine Rückkehr zu diesem Turnier alljährlich auch den Überraschungseffekt beinhaltet: Permanente Veränderung ist Teil des Programms. Nie weiß man, welchen Trumpf der Club in diesem Jahr aus dem Hut zieht. Die Kunst besteht darin, trotzdem diese spezielle Atmosphäre beizubehalten. Mit einem guten Teil historischem Tamtam und reichlich Anekdoten aus der Geschichte des Turniers ist die Mischung perfekt. Es ist eine Inszenierung in Grün – Masters-Grün natürlich –, die Jahr für Jahr fasziniert.

# The Open

*Spitzengolf ganz
down to earth*

Das Ritual wiederholt sich alljährlich im Juli. Ein Rollkragenpullover wird trotz Hochsommers in den Koffer gesteckt, dazu die Regenhose, eine der Strickmützen aus einem der vergangenen Jahre, das kleine Fernglas, der Laptop und eine dünne Decke. Ist die klassische British-Open-Ausrüstung gepackt, kommt ein gutes Stück Vorfreude hoch ob dieses Turnierausflugs, der sich immer wieder anfühlt wie eine kleine Golfexpedition.

The Open, wie es ganz offiziell heißt, ist eine ziemlich einmalige Mischung aus Wetterkapriolen, miserabler Unterbringung, hohen Kosten, mühseligen Transportfragen und herausragender Atmosphäre – plus Weltklassesport natürlich, aber den sieht man im internationalen

Golfsport ja eigentlich Woche für Woche. Das Ganze wird abgemischt mit einer guten Portion Historie, von der die Open ja reichlich hat, da man sie seit 1860 austrägt. Es ist das älteste Majorturnier der Welt, was bedeutet, dass sich über die Jahrzehnte unzählige kleine Geschichten aufgestaut haben, die erfahrene Fans an einem British-Open-Abend in irgendeinem örtlichen Pub genussvoll noch einmal rekapitulieren.

Das Wetter ist hier immer ein entscheidender Faktor, mehr als bei jedem anderen Turnier dieser Welt. Es ist unberechenbar, was ganz einfach daran liegt, dass sämtliche Austragungsplätze nun einmal direkt am Meer liegen. Der Wind bläst mal mehr, mal weniger. Kein Tag ist wie der andere, und manchmal sind die Bedingungen eben so schlecht, dass sie spielentscheidend sind. Der Samstag in Muirfield 1987 zum Beispiel muss furchtbar gewesen sein. 1938 flogen sogar Teile der Zelte davon, sodass der Journalist Henry Longhurst vermerkte, eines der Zelte habe ausgesehen „wie ein großes Segelschiff mit acht Masten, das gerade am Sinken war".

In den vergangenen 20 Jahren jedenfalls war kein Open-Spieltag so extrem wie der Samstag im Jahr 2002 in Muirfield – genaugenommen der halbe Samstag ab etwa 14 Uhr. Eine schwarze Wand zog über die Küste vor Gullane, nachdem die ersten zwei Spieltage für schottische Verhältnisse eigentlich milde und freundlich gewesen waren. Tiger Woods lief um 2.30 Uhr zusammen mit seinem Freund Mark O'Meara ans erste Tee und fing an zu frösteln. „Alles hatte angefangen, als wir auf dem Puttinggrün standen und eigentlich fertig für die Runde waren", resümierte er später. „Als wir zum ersten Loch gingen, fiel die Temperatur, der Regen kam von der Seite, der Wind heulte. Die Böen lagen bei mehr als 60 km/h. Am vierten Loch, ein Par 3, schlagen wir normalerweise ein Eisen 7. Ich habe ein Zweier-Eisen gehauen, und es hätte wahrscheinlich ein Holz 3 sein sollen. O'Meara schlug ein Holz 3. Am nächsten Loch ist es normalerweise Eisen 2 und noch ein Eisen 2 für das Par 5 und ich habe Driver, Eisen 2, Eisen 2 geschlagen. Es war so kalt." Als Woods am späten Nachmittag am 18. Grün erschien, und der letzte Putt ins Loch fiel, riss er die Arme im Triumph hoch und machte eine Art Verbeugung vor den wenigen Fans, die es noch draußen ausgehalten hatten. Er und Mark O'Meara tauschten High Fives, ein konspiratives Lächeln ging über ihr Gesicht. Woods hatte eine 81er-Runde gespielt und damit zum ersten Mal in seiner 17-jährigen Karriere als Profigolfer überhaupt eine Runde über 80. Besser aber ging es nicht. „Es waren die härtesten Bedingungen, unter denen ich jemals gespielt habe", bemerkte Woods Jahre später in einem Interview mit dem amerikanischen TV-Sender ESPN. „Darauf waren wir nicht vorbereitet, niemand war es."

Es gab auch gegenteilige Szenarien: Als Woods seinen Open-Titel 2006 in Royal Liverpool holte, sah der Platz aus wie eine Mondlandschaft. Hellbraun und verbrannt. Knochentrocken. Kein Lüftchen wehte an der Küste. Genauso 2003 in Royal St. George's, als es so heiß war, dass im Pressezentrum eine große Außenwand nach oben hochgerollt wurde und der Wind vom Meer den hellbraunen Staub des Sandes auf die Tische trug, wo er über die Tage zu einer schmierigen Pampe verklebte. Draußen auf dem Platz sprangen die Bälle auf dem knallharten Boden von Düne zu Düne, was so mancher Favorit als unfaire Verhältnisse kritisierte.

Der Amerikaner Ben Curtis hatte von der Grafschaft Kent, in welcher der Platz von Royal St. Georges liegt, noch nie gehört. Der 13. Platz bei der Western Open auf der US PGA Tour in der Woche davor hatte ihm einen Startplatz bei dieser Open beschert. Er war die Nummer 396 der Weltrangliste, er hatte noch nie Linksgolf gespielt, als Nobody machte er sich daran, die 18 Löcher von Royal St. George's zu erobern. Ben Curtis ging übrigens als einziger von allen Teilnehmern vor Beginn der Turniertage in den Proshop, um den Pro hinter dem Tresen zu fragen, wie man den Platz bei diesen extrem trockenen Bedingungen am besten in Angriff nehmen sollte.

„Als ich zum ersten Mal hier war, hatte ich keine Ahnung, wohin ich schießen sollte", meinte er 2011, als er erneut bei der British Open in Royal St. George's antrat. „Es ist ziemlich schwierig zu erkennen, wo das erste Fairway ist. Die meiste Zeit ging meine Verlobte einfach voraus, sodass ich die Bahn sehen konnten. Auf die Art und Weise bin ich irgendwie durch die Woche gekommen." Mit der Zeit bekam er ein Gespür für diese Einmaligkeit, die British-Open-Golf bedeutet: „Ich weiß nicht, ob es die Farbe war oder die Enge der Fairways, die mich angesprochen hat, aber irgendwie habe ich mich mit der Zeit wohler gefühlt, als ich anfing, den Verlauf vom Tee weg zu erkennen."

Wer eine Open gewinnen will, muss diese besondere Form des Golfspiels lieben lernen. Ein jeder der neun Plätze, die derzeit zur sogenannten Open-Rota gehören, ist unterschiedlich. Royal Birkdale, Royal Liverpool, Royal Lytham & St. Annes, Royal St. Georges, Royal Troon, Carnoustie, der Old Course, Turnberry und Royal Portrush sind die Plätze, zwischen denen im Moment gewechselt wird. Neun Mal exzellentes Linksgolf, das man entweder irritierend und abstoßend findet oder begeistert annimmt.

Wer dabei überheblich wird, stürzt grausam ab. Keine andere Katastrophe erscheint rückblickend so groß wie die des Jean van de Velde, der 1999 bei der 147. Open in Carnoustie am 18. Loch 30 Minuten lang den fatalen Fehler beging, zu glauben, er hätte Carnoustie im Griff. Ein Driver vom Tee war die erste Fehlentscheidung, ein Eisen 2 bei starkem Gegenwind Richtung Grün die zweite. Der Versuch, den Ball im Anschluss aus hohem Rough über das Bächlein Barry Burn zu spielen, der dritte Fehler. Am Ende verspielte der Franzose mit seiner flamboyanten Herangehensweise den sicher geglaubten Sieg, ruinierte seine Karriere und in der Folge sogar seine Ehe, die an den Folgen des Dramas zerbrach. Das Bild van de Veldes bei seinem Debakel an Bahn 18 ging um die Welt. Geschichten wie diese haben The Open über die Jahre zu Europas Highlight im jährlichen Golfkalender gemacht, dem die Besten der Welt entgegenfiebern.

Das war nicht immer so. Es gab Zeiten, da war die Front der British-Open-Gegner groß. 1985 etwa entschlossen sich zwölf der besten 20 Amerikaner, nicht nach Royal St. George's zu reisen. Der Flug war ihnen zu lang, das Essen zu schlecht, der Service vergleichsweise mäßig. Auf Dauer allerdings erntete ihr Gejammer nur Kritik – zu groß und prominent war die Gruppe jener Amerikaner, welche die British Open bis heute für einmalig halten. „Ich würde hier sogar hinkommen, wenn ich einen Monat vorher abreisen und schwimmen müsste", ließ der Champion des Jahres 1971, Lee Trevino, seine Kollegen wissen. Jack Nicklaus, Tom Watson, später Tiger Woods und Phil Mickelson: Sie alle singen bis heute das hohe Lied dieses Turniers. Wohlwissend, dass derjenige, der die silberne Kanne für den Sieger, den Claret Jug, erringt, wie ein Halbgott in der Golfszene verehrt wird.

Die beste Open aus deutscher Sicht war wahrscheinlich jene in Royal Lytham & St. Annes, als es am 21. Juli 2001 um 17.40 Uhr zu einem kurzen, geschichtsträchtigen Moment kam. Auf dem knallgelben Leaderboard der 130. British Open tauchten direkt nacheinander zwei deutsche Namen auf: Alex Cejka, der gebürtige Tscheche, führte die Wertung an, Bernhard Langer war Zweiter. Es sollte bei einer Minutenaufnahme bleiben. Keiner der beiden gewann, der Sieg ging an David Duval.

Bei einem einzigen Abend des Triumphs blieb es auch für Tino Schuster, der 2005 in St Andrews für Furore sorgte, als er nach Runde eins auf dem geteilten zweiten Rang lag und nur Tiger Woods vor sich hatte. Seinen Platz im Weltklassefeld hatte sich der damals 27-jährige Stuttgarter über das Local Qualifying im Stechen um Platz drei auf dem Platz von Leven Links geholt. In der ersten Runde wuchs er über sich hinaus, am Ende wurde es nur der geteilte 60. Rang.

Die Open macht eben kleine Wunder möglich, weil die Qualifikation für immerhin 46 aller Teilnehmerplätze offen ist für normale Qualifikanten: Zigtausende auf der ganzen Welt versuchen jedes Jahr bei insgesamt 16 Qualifikationsturnieren ihr Glück. Am Ende treffen die Erfolgreichen bei der British Open auf die Weltstars. No-Names mischen sich unter die Helden dieses Spiels.

Wie gesagt: Das Wetter ist unberechenbar, die Plätze sind schwer, und manchmal wird der Spieler auch noch vom Pech verfolgt. Das war vor mehr als hundert Jahren so und ist heute nicht anders. Vier Tage im Juli lang verfolgt die Golfwelt die Suche nach dem „Champion Golfer of the Year". Vier Tage, die einmalig sind.

# U.S. Open und PGA Championship

*Grenzerfahrungen für
die Besten der Besten*

Schließen wir die Augen und stellen uns einen Golfplatz vor, der schwieriger ist als alles, was wir kennen. Willkommen – Sie sind bei der U.S. Open, der ultimativen Prüfung, die es im Golfsport gibt. Amerikas ältestes Majorturnier ist ein Synonym für einen Berg von unüberwindbaren Aufgaben, von Hindernissen, Schwierigkeiten und Komplikationen. Für mich steht die U.S. Open für Rough, das bis über die Waden reicht. Das Gras ist so dicht, dass man den Ball auch dann nicht sieht, wenn man direkt darübersteht. Er taucht ein und verschwindet auf Nimmerwiedersehen. Keine Frage, dies ist ein Härtetest.

„Wenn die USGA Wasserhindernisse in die Mitte jedes Grüns setzen könnte, sie würde es tun", hat der Amerikaner Dave Stockton die Sachlage einmal überspitzt dargestellt. Fest steht, der Anspruch der United States Golf Association, die das Turnier 1895 zum ersten Mal im Newport Country Club in Rhode Island ausrichtete, war es immer, den Besten der Besten unter den Golfprofis zu finden. „Unsere Absicht ist es keineswegs, die großartigsten Spieler der Welt bloßzustellen, sondern nur, sie zu identifizieren", erklärte der inzwischen verstorbene USGA-Präsident Sandy Tatum, der in den 70er-Jahren die USGA regierte. Er verantwortete deshalb auch jene U.S. Open, die später den Namen „Das Massaker von Winged Foot" erhielt. Der Amerikaner Hale Irwin überstand die Schlacht mit den wenigsten Verwundungen – er gewann in Mamaroneck im Staat New York mit einem Gesamtergebnis von sieben über Par.

Par ist noch heute häufig die Messlatte bei einer U.S. Open – das ist bei kaum einem anderen Turnier der Welt in diesem Ausmaß der Fall. Das Gestöhne der Spieler und die Kritik sind in der Regel groß, weil Par als Standard im Weltklassegolf kaum noch wahrgenommen wird. Die Frage, ob die U.S. Open unfair ist oder nicht, gehört also zu diesem Majorturnier unweigerlich dazu. Sie lässt sich nicht vermeiden, wenn ein Veranstalter versucht, einen Höchststandard in Sachen Schwierigkeit zu setzen. Manchmal geht das eben schief. „Wir wissen, dass wir mit unseren Plätzen an die Grenzen gehen", resümierte David Fay, Executive Director der USGA, nach der ebenfalls stark in der Kritik stehenden U.S. Open von Shinnecock Hills 2004. Was war passiert? Man hatte die Grüns über Nacht nicht gewässert, sodass sie im Wind und der Hitze fast unspielbar wurden. „Gestern sind wir zu weit gegangen. Wir haben es vermasselt", gab Fay zu.

Es war nicht das erste Mal. Bei der U.S. Open 1998 in Olympic war die Fahnenposition am 18. Grün so extrem, dass die Spieler reihenweise beobachteten, wie ihre Bälle nach einem Schlag Richtung Loch wieder zurück vor ihre Füße kullerten.

Inzwischen hat sich die Lage ein wenig gebessert, zumindest beim Thema Rough, das traditionell direkt neben dem handtuchschmal geschnittenen Fairway in beträchtlicher Höhe stramm in die Höhe stand, ist man sanfter geworden. 2006 wurde ein graduelles Rough eingeführt, sodass die Strafe bei leichten Abweichungen ein wenig abgemildert ist. Die grundsätzliche Idee aber bleibt das Auswahlprinzip, das Altmeister Jack Nicklaus durchaus schätzt: „Die USGA macht einen besseren Job als alle anderen, wenn es darum geht, den besten Champion zu ermitteln."

Hier geht es ganz einfach um Können, Strategie und System. Man trifft das dünne Fairway. Man platziert den Ball auf der richtigen Seite des Grüns. Man beherrscht das Putten auf spiegelblanken Grüns. Dann kann man hier gewinnen – so wie Martin Kaymer es 2014 in Pinehurst auf dem Platz No. 2 gelang.

Nie zuvor hatte ein Kontinentaleuropäer dieses Turnier gewonnen, ein Deutscher ohnehin nicht. Sein Ergebnis von neun unter Par mit acht Schlägen Vorsprung bedeutete den vierthöchsten Sieg in der Geschichte des Turniers. Die Auftaktrunde von 65 Schlägen am Donnerstag war die beste, die ein Spieler jemals abgeliefert hatte. Kaymer legte am Freitag dann noch einmal nach und wiederholte die 65. Er führte das Feld nach dem ersten Tag mit drei Schlägen an, mit sechs Schlägen nach dem zweiten, mit fünf nach dem dritten und baute seinen Vorsprung am Sonntag aus auf acht Zähler. 16 Birdies und ein Eagle waren Teil dieser viertägigen Serie, die deshalb so erstaunlich war, weil

Pinehurst No. 2 kein Platz ist, dem man leicht ein Birdie entlockt. „Ich frage mich, wie er das gemacht hat", wunderte sich am Sonntagabend Rory McIlroy. „Das ist extrem schwierig. Ich glaube, ich habe in der ganzen Woche nur neun Birdies gemacht – und ich sehe nicht, dass der Platz viel mehr hergibt."

Das System Kaymer aber machte es möglich. Es setzte sich im Verlauf einer Woche zusammen aus einer Vielzahl von Details, die den Rheinländer am Ende zum überlegenen Spieler dieses Turniers machten. Da war der makellose Drive, der perfekte Eisenschlag ins Grün – kein Zweifel saß dem Deutschen beim Schwung im Nacken. Vor allem aber ließ er sich nicht ein in diesen Kampf der Gewalten mit einem U.S.-Open-Platz, der in der Regel nur ein Opfer kennt – den Spieler.

Pinehurst No. 2 ist ein Gelände mit buckligen, harten und extrem schnellen Grüns. Die Herangehensweise des Deutschen an das Problemfeld Grüns war untypisch, aber effektiv. Das Chippen, ohnehin der schwächste Teil seines Spiels, ersetzte der 29-Jährige vier Tage lang nahezu komplett durch lange Putts auch aus dem Grünumfeld – eine Taktik, die nur dann funktioniert, wenn ein Platz ohne fettes und langes Gras rund um die Puttflächen präpariert ist. „Ich bin immer gut mit Putts von Vorgrüns gewesen, bilanzierte Kaymer am Sonntag sein Erfolgsrezept, „außerdem glaube ich, dass ein schlechter Putt immer noch besser ist als ein schlechter Chip." Schließlich gelinge es so, größere Katastrophen zu vermeiden: „Auf die Art und Weise spielt man nicht schlechter als Bogey und das ist bei Majorturnieren ziemlich wichtig."

Der U.S.-Open-Sieg machte den Deutschen zu einem Ausnahmefall – Europäer, die zwei der drei amerikanischen Majors gewonnen haben und dazu den Titel bei der Players Championship, gibt es kaum. Sie heißen Kaymer und Rory McIlroy.

Dass der Deutsche 2010 den Sieg bei der US PGA Championship auf dem Straits-Kurs in Whistling Straits am Lake Michigan holte, kam überraschend – auch für ihn selbst. Sein Ziel während der letzten Runde war gar nicht der Sieg – für das Ryder Cup Team Europas wollte er sich qualifizieren, was nach seiner Schlussrunde mit 70 Schlägen sicher war. Kaymer war happy, unterschrieb seine Scorekarte und verschwand im Clubhaus, um sich das Turnier zu Ende anzusehen, das zu diesem Zeitpunkt

Dustin Johnson anführte. Der Rest der Veranstaltung allerdings verlief dann chaotisch, weil Johnson am 72. Loch übersah, dass er sein Eisen 4 in einem Bunker aufgesetzt hatte, zwei Strafschläge kassierte und Kaymer plötzlich wieder raus auf den Platz musste, um ein Playoff über drei Löcher gegen Bubba Watson zu spielen, mit dem er sich nun den ersten Platz teilte.

Zum Ende des Playoffs, wieder die Bahn 18, erlebte Watson wahrscheinlich das größte Debakel seiner Karriere: ein Schlag ins Rough, dann ins Wasser, danach über das Grün in den Bunker. Letztlich wurde es ein Doppel-Bogey. Kaymer lochte zum Bogey, gewann 1,35 Millionen Dollar Preisgeld und seinen ersten Majortitel. „Ich habe keine Ahnung, was passiert ist", sagte er direkt danach. „Ich habe gerade mein erstes Majorturnier gewonnen. Ich habe Gänsehaut, nur wenn ich darüber rede."

Ohne die Wertigkeit dieses Sieges mindern zu wollen: Die US PGA Championship ist bekannt für solche eher ungewöhnlichen Erfolge. Der Titel beim vierten Majorturnier des Jahres gilt als ein Fall für Einsteiger, die US PGA Championship bleibt das am wenigsten geachtete Majorturnier im Golf. „Glory's last shot" war lange der Beiname, der die Veranstaltung gut beschreibt, die üblicherweise die Majorsaison im Hochsommer abrundete, bis man sie 2019 in den Mai verlegte. Was ihr fehlt, ist die Historie einer British Open, die fast hundert Jahre länger ausgetragen wird, oder die Atmosphäre eines Masters.

Lange galt die US PGA Championship als Event, das vor allem Amerikanern vorbehalten war und zahlreichen Club-Professionals einen Start ermöglichte. Noch heute gehen 20 von 156 Startplätzen an Club-Pros, wobei das Feld insgesamt internationaler geworden ist. Am Image des Turniers allerdings hat sich nicht allzu viel geändert. Und dann ist da noch die Konkurrenz der Players Championship in Sawgrass, die inzwischen als TV-Magnet gilt. Das inoffizielle fünfte Major des Jahres steht der US PGA Championship in Sachen Reputation auf jeden Fall kein bisschen nach, weil das Teilnehmerfeld als das stärkste des Jahres gilt und man außerdem wie das Masters in Augusta den Vorteil des immer gleichen Schauplatzes hat. Das 17. Loch jedenfalls, ein winziges Par 3 mit gerade einmal 125 Meter Länge, hat Starqualitäten: 36.000 Zuschauer können sich auf den Tribünen um das Loch versammeln, Partystimmung prägt das Geschehen. Ein Alleinstellungsmerkmal wie dieses hat die US PGA Championship nicht. Das jüngste der vier Golf Majors bleibt vielleicht auch deshalb das Turnier mit dem Imageproblem.

# GOLF GANZ EINZIGARTIG

# Der Schwung

*Die unendliche Geschichte*

Mein Problem mit Sam Snead bestand darin, dass er in mir eine Illusion nährte, die sich über die Jahre als tückisch herausstellen sollte. Sam Snead war über 70, als ich ihn 1998 auf der Driving Range des Greenbrier Resort mitten in West Virginia traf. Mit überraschender Dynamik schlug er die Bälle weg und weckte in mir – damals ein Golffrischling – den Glauben, dieser Golfschwung sei eine Leichtigkeit. Wie sonst hätte ihn ein Senior trotz sämtlicher körperlicher Gebrechen problemlos hinbekommen?

Der Tatsache, dass Snead, den man wegen seines überragenden Schwungs auch „Slammin Sammy Snead" nannte, 82 PGA-Toursiege geholt und sieben Majortitel gewonnen hatte, maß ich zu diesem Zeitpunkt erkennbar zu wenig Bedeutung bei. Der Golfschwung jedenfalls wurde seit dieser Begegnung zu meiner Mission. So locker schwingen wollte ich auch. Jahrzehnte später muss ich feststellen – die Mission findet erkennbar kein Ende.

Snead war das, was die Amerikaner einen „natural player" nennen, was übersetzt bedeutet, dass jemand einfach ein begnadetes Bewegungstalent ist, rein aus dem Gefühl heraus die passende Bewegung macht und den Ball dann auch noch optimal trifft. Sein Kollege Bill Campbell, den heute ebenso wie Sam Snead kaum noch jemand kennt, sagte von ihm: „Er hatte das Auge eines Adlers, die Grazie eines Leoparden und die Kraft eines Löwen." Jack Nicklaus, der immerhin 18 Majors gewonnen hat, träumte stets von einem Schwung, wie Sam Snead ihn hatte, weil er „so perfekt" war.

Meine Illusion, der Golfschwung könne eine vergleichsweise einfache Übung sein, wurde durch weitere Studien bei meinen ersten Majorbesuchen auf der Driving Range befördert, wo sich die Besten der Besten nachmittags nach ihren Runden mit ihren Coaches zum Training fanden. Um ehrlich zu sein: Viel los war da nicht. Neben Nick Faldo zum Beispiel, der zu diesem Zeitpunkt in Europa eine Macht war, stand meist ein hagerer, großer Mann, die

Füße breit gegrätscht, die Arme verschränkt. Er sprach wenig und sah zu. Ab und an tippte er die Hüfte des Briten an, den Ellbogen – ein wenig wie ein Maler, der an seinem Bild herumpinselt. Coaching auf Weltklasseniveau, so die Lehre, sieht manchmal nach nichts aus.

David Leadbetter, der bekannteste Coach der Welt, übernahm Nick Faldo 1984 als Schüler und krempelte seinen Schwung einmal komplett um. Aus dem schon vor dem Einstieg von Leadbetter überaus erfolgreichen Briten mit seinem rhythmischen, aber eher lockeren Schwung wurde ein Profi, bei dem die Kontrolle der Schläge, die Reduzierung der Fehler im Mittelpunkt jeder Trainingssession stand. Es war der radikalste Schwungumbau, der zu diesem Zeitpunkt bekannt war. Am Ende ergab sich eine Bewegung die solider war, wiederholbarer, verlässlich. David Leadbetter erklärte das einmal damit, dass es in der Theorie darum ging, dass die großen Muskeln die Macht im Schwung von Nick Faldo übernehmen und die kleinen in ihre Schranken verwiesen werden. „Der Hund wackelt mit dem Schwanz", lautete sein Vergleich dazu.

Womit wir wieder bei uns Amateurgolfern wären. Bei dem Versuch, die 124 Muskeln, die angeblich an einem Golfschwung beteiligt sind, in Einklang zu bringen, gibt es mehrere Ansätze. Variante eins betrifft den Fall Snead und den Natural Golfer, was in der Praxis bedeutet, dass man einfach wie Snead komplett auf einen Golflehrer verzichtet und schwingt, wie es sich ergibt. Bei dem Amerikaner hat das ja großartig funktioniert. Man sollte an dieser Stelle jedoch sofort hinzufügen, dass es nicht allzu viele Sam Sneads auf dieser Welt gibt, weshalb die Wahrscheinlichkeit, dass dieses Unternehmen von Erfolg gekrönt ist, eher gering ist.

Selbst dann nicht, wenn man auf all' jene Hilfsmittel zurückgreift, die der Markt zu bieten hat. Es gibt weit mehr Bücher zum Golfschwung als zur Tennistechnik, was schlichtweg damit zu tun hat, dass man die Vorgehensweise, wie man den Golfschwung denn nun am besten lehrt, auch in den dafür zuständigen Verbänden mehrfach geändert hat. Im Zuge dieses Prozesses stellte man Golfschüler in übergroße, gekippte Reifen, schnallte ihnen irgendwelche Ellbogenriemen um, weihte sie in die mentalen Geheimnisse des Glaubens an das richtige Gefühl ein und so weiter. Ich habe in inzwischen mehr als 20 Jahren Golf nur einen Bruchteil aller verfügbaren Putthilfen gekauft – aber selbst das ist eine ganze Menge. Will heißen – auf der Suche nach den richtigen Bewegungen gibt es reichlich Ablenkungen, die auf den ersten Blick großartig wirken, aber es nicht immer sind.

Dabei wäre es falsch zu glauben, im Bereich der Golflehre wären nur Quacksalber unterwegs, im Gegenteil: Es gibt ausreichend Golfgelehrte, welche die Theorie in allen ihren Formen verinnerlicht haben. Das Problem beim Golfschwung ist nur, dass es so verdammt schwer ist, zu erkennen, was Dich als Spieler wirklich weiterbringt. Was Du brauchst oder nicht brauchst. Die zweite Hürde besteht darin, einen Golflehrer zu treffen, der außerdem ebenfalls erkennt, wo es wirklich hakt.

Die Suche nach dem passenden Lehrer und dem passenden Schwung ist die ewige Suche nach einem Stückchen Erleuchtung. Inzwischen hat sich auch in der Golflehre die Erkenntnis durchgesetzt, dass Individualisierung das Maß der Dinge ist und man gut daran tut, aus den individuellen Eigenheiten eines Spielers unter Maßgabe einiger Kernbestandteile das Beste herauszuholen. Es hilft ungemein, dass man als Golfer selbst mit den Jahren und steigendem Spielniveau allmählich ein besseres Gefühl für den Schwung bekommt und dafür, was man nie lernen und nie können wird. Weshalb es immer wieder vorkommt, dass ein Spieler monatelang zum Beispiel am „dorsalen Handgelenk" und dem „late Hit" herumdoktert, bevor er erkennt, dass die erforderlichen Schwunggedanken ein Stück zu gewagt für ihn sind.

Irgendwann richtet man sich eben ein in seinen eigentlichen Möglichkeiten. Man entwickelt eine Art Dauerbeziehung mit seinem Golflehrer, die in manchen Fällen jener zu einem Friseur ähneln soll. Golflehrer übernehmen dann auch therapeutische Aufgaben, weil der Golfschwung bekanntermaßen ab und an zu unkalkulierbaren Vorfällen auf dem Golfplatz führt, die nicht immer leicht zu verkraften sind – traumatische Erlebnisse wie drei Quickhooks ins Aus auf der linken Seite an Bahn 1 bei einer Clubmeisterschaft zum Beispiel. In Runde eins wohlgemerkt, woraufhin die Clubmeisterschaft nicht mehr so wirklich Spaß macht.

Bei der Suche nach dem richtig guten Schwung trennt sich die Spreu vom Weizen. Die Besten der Besten geben sich nie zufrieden, womit wir wieder bei Sam Snead, Nick Faldo, Bernhard Langer oder auch Tiger Woods wären. Langer passt seinen Schwung seit Jahrzehnten seinen körperlichen Möglichkeiten an. Tiger

Woods änderte seinen Schwung mehrfach, weil er befand, er müsse besser werden. Dass er dabei gleichzeitig als bester Spieler der Welt galt, mag ein wenig merkwürdig klingen, zeigt aber, dass es beim Schwung manchmal eben nur um den Schwung geht und nicht um das Spielresultat.

Woods „Masters-Schwung" wird von Fachleuten meist auf den Zeitraum des Sommers 1993 bis zum Sommer 1997 terminiert. Mit ihm wurde er unter anderem am 15. Juni 1997 Weltranglistenerster und gewann das Masters mit zwölf Schlägen Vorsprung. Die Phase danach nannte der US-Fernsehkommentator Brandel Chamblee seinen „Grand Slam"-Schwung. Entstanden war er weitgehend aus seiner Zusammenarbeit mit dem amerikanischen Coach Butch Harmon. Er sei „gewaltig, aber gleichzeitig elegant gewesen", beschrieb ihn Chamblee, weil sich sein Körper in einer Phase der Bewegung gleichzeitig in zwei verschiedene Richtungen zu bewegen schien. Die Phase wird datiert von 1999 bis September 2004, in der Woods immerhin 264 Wochen in Folge die Nummer 1 der Weltrangliste war.

Der folgende Hank-Haney-Schwung, benannt nach dem Namen seines nächsten Coaches, begann laut Chamblee am 15. März 2004 und fing an, nach dem Masters 2010 zu verblassen. Die Bewegung hatte mit der vorhergehenden nicht sonderlich viel zu tun, das Ergebnis war allerdings ähnlich. Er war 281 Wochen in Folge die Nummer 1 der Welt.

Als Sean Foley anfing, 2010 bei der PGA Championship mit ihm zu arbeiten, spielten Woods Verletzungen eine große Rolle. Trotzdem gewann er 2012 fünfmal, wurde 2013 mit 37 Jahren Player of the Year und war wieder Weltranglistenerster. Nach Foley folgte 2014 Chris Como, bevor sie sich im Dezember 2017 trennten.

Von da an vertraute Woods vor allem auf sich selbst. Seit seiner Operation, so ließ er bei der Trennung mit Como wissen, „habe ich hart daran gearbeitet, meinen eigenen Körper und Golfschwung wieder kennenzulernen". Ab und an wirft angeblich sein Freund Notah Begay einen Blick auf die Bewegung. Tatsächlich aber ist es wohl so, dass der Sportler Tiger Woods im Hinblick auf seinen Schwung längst mit einer Art Künstler verglichen werden kann. Immer wieder hat er das scheinbar so perfekte Werk zerstört, es immer wieder durch ein anderes Meisterstück ersetzt – die Suche nach Perfektion eben, ein Lebenswerk.

# Das Handicap

*Ein System für
Dichter und Denker*

Grundsätzlich ist es so, dass das Handicap als eine der größten Errungenschaften des Golfsports schlechthin gepriesen wird. Wenn ein Clubsekretär versucht, einem potenziellen Neumitglied die Vorzüge des Golfspiels zu erklären, sagt er in der Regel Dinge wie: „Dank des Handicaps kann im Golfsport ein Spitzenamateur mit einem Anfänger spielen." Wochen später wird das Neumitglied feststellen, dass es keineswegs so ist, dass sich jedes Mitglied der clubeigenen Herrenmannschaft riesig freut, wenn er sich als Handicap-54-Spieler in letzter Minute online eine Startzeit neben dem Handicap-1,0-Mann gesichert hat. Und wenn das Neumitglied ein paar Jahre später bei einem Handicap von 18 angelegt ist und seine Frau beschließt, jetzt auch die Vorzüge des Golfspiels kennenzulernen, stellt er fest, dass das Handicap aus der blutigen Anfängerin noch lange keine ebenbürtige Mitspielerin macht. Man kann also festhalten, dass der Student Thomas Kincaid Ende des 17. Jahrhunderts mit der Erfindung des Handicapsystems zwar sinnvolle Grundlagen legte, deren theoretische Einfachheit durch das Menschliche im Golfer aber ins Wanken gebracht wird.

Das Handicap ist in der Praxis ein überaus vielschichtiges, kompliziertes und emotionales Thema; wobei wir an dieser Stelle einmal davon absehen wollen zu erklären, wie die ganze Rechnerei in den verschiedenen Klassen funktioniert, weil schon das einen kleinen akademischen Grad erfordern kann. Seit dem 1. Januar des Jahres 2020 existiert weltweit das Global Handicap System, was die Thematik auf den ersten Blick zu vereinfachen scheint, nachdem bis dahin sechs global verteilte Handicapautoritäten jeweils einzelne Berechnungsweisen für sinnvoll hielten.

Ein System für alle klingt erst einmal großartig, bis man bei genauerem Hinsehen realisiert, dass so ziemlich jede Nationalität dieses neue Global Handicap System noch einmal an die eigenen Bedürfnisse angepasst hat. So ganz global ist es also doch wieder nicht. In manchen Ländern, darunter Deutschland, musste man über das Thema ohnehin ein Jahr länger nachdenken, weshalb man das Global Handicap System erst 2021 einführen wird. Schon das lässt erkennen, dass die Thematik ihre Tücken hat. Grundsätzliche Erkenntnisse zum Thema Handicap sind aber Folgende:

Es gibt starke nationale Verschiedenheiten bei der Behandlung des Handicaps: Spieler im deutschsprachigen Raum streben gern ein möglichst niedriges Handicap an, weil dies nach wie vor mit einem gewissen Renommee im Club verbunden ist. Amerikaner dagegen geben – echte Turniergolfer einmal ausgenommen – stets ihr Bestes, ihr Handicap auf einem möglichst hohen Level zu halten, das gleichzeitig aber wenigstens ansatzweise etwas mit ihrer Spielweise zu tun hat. Der Grund: Nachdem in den USA bei fast jeder Runde gezockt und nur netto gezählt wird, ergibt für den Spieler nur ein hohes Handicap Sinn, um wenigstens ab und an zu gewinnen. Dieses passende Handicap aber muss mit viel Fingerspitzengefühl austariert werden, weil eine erkennbar zu hohe Zahl dessen Träger sofort zum Betrüger macht. Mit

Schummlern spielt niemand gern. In Deutschland ist das anders: Dort hat der Golfer meist lieber ein niedriges Handicap und verliert dafür oft beim Zocken. Oder er zockt nicht.

Die Möglichkeiten, ein Handicap im gewünschten Zustand zu konservieren, sind vielfältig: Es gibt Menschen, die spielen ausschließlich nicht vorgabewirksame oder gar keine Turniere oder sie spielen solche, die während ihres Urlaubs in Österreich stattfinden, und das Ergebnis melden sie in Deutschland nur, wenn sie sich verbessert haben. Es gibt Verbesserungsfanatiker, die den Rating-Wert jedes Platzes im Umkreis von 50 Kilometern verinnerlicht haben und selbstverständlich nur dort zu einer Turnierrunde antreten, wo sich aus ihrer Sicht das Handicap besonders leicht bestätigen oder verbessern lässt. Bei schlechter Wettervorhersage sagen sie rechtzeitig mit dem Hinweis auf die kranke Oma oder den harten Büroalltag ab.

Tatsächlich existieren auch Golfer mit einem sogenannten „echten" Handicap – eine ziemlich seltene Spezies: Sie spielen eine ganze Reihe von Turnieren im Jahr auf verschiedensten Plätzen und bei unterschiedlichstem Wetter. Das führt am Ende des Jahres meist zu einem Handicap, das ihrer Spielstärke ziemlich genau entspricht. Man erkennt solche Golfer auch daran, dass sie bei Turnieren selten weniger als 28 Nettopunkte spielen und den Eindruck machen, als wären sie mit sich und ihrem Spiel im Einklang.

Eine Gattung für sich ist der extreme Handicapschoner, der sich bereits im Februar mental darauf vorbereitet, mindestens bei einer großen Automobilserie ins Weltfinale vorzustoßen und auch bei einer Luxusuhrenveranstaltung gewinnträchtig zu punkten. Dieser Golfer spielt bis zum Turnier seiner Wahl eine ganze Reihe nicht vorgabewirksame Turnierrunden, um im Wettkampfmodus zu sein, steigt aber erst bei der Chance auf den großen Gewinn in den Ring. Interessant wird es, wenn bei einer Veranstaltung mehrere Vertreter dieser Gattung zugegen sind. Diese erreichen in der Regel mit Handicap 20 mindestens 48 Nettopunkte und schaffen es auf wundersame Weise trotz ihres mäßigen Handicaps, auf dem Platz mit drei Birdies und Serien solider Pars zu brillieren. Um diesem Typ Herr zu werden, haben sich die Organisatoren hochdotierter Turnierserien längst darauf verständigt, die Handicaps anzupassen. Nachdem die Variante der individuellen Handicapgestaltung vor allem im asiatischen Raum sehr verbreitet ist, passiert es relativ häufig, dass Asiaten das Weltfinale eines der großen Automobilcups gewinnen. Das liegt dann nicht daran, dass sie mehr üben, sondern daran, dass sie mehr Kreativität in der Handicapführung mitbringen.

Bei einem meiner ersten Ausflüge zu einem Turnier der European Tour in Shanghai kam es beim Pro-am zu dem erstaunlichen Vorfall, dass sich alle Chinesen mit Handicap 36 angemeldet hatten. Das kommunistische Einheitshandicap erforderte vom Turnierorganisator eine kreative Lösung: Aus drei vorgegebenen Löchern wurde am Ende der Runde der Schnitt errechnet und daraus wiederum ein Tageshandicap festgelegt, was dann auf die restliche Runde angewendet wurde. Kompliziert? Ein bisschen.

Man sollte an dieser Stelle auch erwähnen, dass man bei einer Runde mit einem Einheimischen in Schottland niemals über ein Handicap 45 oder 54 reden sollte, weil man in den klassischen Golfländern eher wenig von dieser Inflation des Handicaps hält. In der Geschichte des Handicaps in der Heimat des Golfsports begann ein Herrenhandicap bei 28 und das der Frauen bei 36. Wer das zusammen mit einem Pro erspielte, durfte auf den Platz. Meist dauerte es ein paar Wochen, manchmal aber auch Monate, bis man diese Spielfähigkeit erreichte. Der Begriff Handicap war deshalb in gewisser Weise gleichzusetzen mit Arbeit.

Im ständigen Bemühen, das Spiel einfacher und attraktiver zu machen, wurde in vielen Ländern Europas das sogenannte Clubhandicap 54 eingeführt, das man bekommt, wenn man irgendwo irgendwie eine Platzreife macht. Es gibt Neugolfer, die schnell erkennen, dass Golf mit Handicap 54 nicht wirklich Spaß macht, weil der Flug des Balls in diesem Stadium unberechenbar ist. In diesem Fall hilft Üben – das Handicap 54 ist man dann relativ schnell los. Es gibt aber auch Neugolfer, die das Handicap 54 als Freifahrtschein für die tägliche Runde auf dem Golfplatz begreifen und nicht üben. Das macht ihnen meist wenig Spaß und all jenen, mit denen sie sich den Golfplatz teilen, ebenfalls.

Das Schöne am Handicapsystem ist, dass man in den vergangenen Jahren vielfältige Wege gefunden hat, dessen Wohlfühlfaktor zu erhöhen. Früher gab es nur den sogenannten Handicappuffer, der ebenfalls ein relativ schwer zu erklärendes System ist. Grundsätzlich geht es dabei um Freischläge, bevor das Handicap nach einer schlechten Turnierrunde hochgesetzt wird. „Ich habe gepuffert" ist deshalb einer der gebräuchlichsten Sätze nach Wettkampfrunden, den man als Anfänger dringend verinnerlichen sollte. Das Schöne am Status der Golfer mit Handicap 28 und höher ist, dass sie immer puffern. Um sie bei Laune zu halten, wurde nämlich vor ein paar Jahren beschlossen, dass sie ihr Handicap niemals verschlechtern, sondern nur verbessern können.

Die zweite Variante, um für möglichst gute Stimmung beim Thema Handicap zu sorgen, ist die sogenannte EDS-Runde. Vereinfacht erklärt, beschließt man, eine Privatrunde mit einem Kumpel zu spielen und dabei korrekt zu zählen. Gewertet wird das Ergebnis wie eine Turnierrunde. Natürlich sind bei solchen Gelegenheiten ausschließlich unglaublich faire und ehrliche Menschen am Start, die niemals Putts aus zwei Metern schenken, einen Mulligan erlauben oder Ähnliches. Feststeht: EDS-Runden haben nicht den allerbesten Ruf, Schummeln ist hier einfach Teil des Systems. Wobei es der eine oder andere Golfer sogar so weit treibt, einen Freund als Zähler anzugeben, ohne ihn dann mit auf die Runde zu nehmen. Er unterschreibt einfach nur die Scorekarte. Und: In manchen Golfclubs wird das dann auch noch akzeptiert.

Weil es EDS-Runden bei den besseren Golfern in der sogenannten Handicapklasse 1, die bis -4,4 reicht, früher nicht gab, fühlten sich manche gute Golfer, bei denen tatsächlich nur 18 Löcher in einem vorgabewirksamen Turnier gewertet wurden, benachteiligt. Um auch für sie den Wohlfühlfaktor zu steigern, sind EDS-Runden für sie jetzt auch möglich. Man muss kein Prophet sein, um zu erkennen, dass sich die Anzahl der niedrigen Handicaps unter –4,4, in Zukunft erhöhen wird, obwohl die Menschen nicht besser Golf spielen. Sie fühlen sich nur wohler.

Wir erkennen: Das Handicap ist nur eine Zahl – und die stimmt in den wenigsten Fällen. Auch deshalb ergibt es am meisten Sinn, am besten überhaupt nicht über ein Handicap zu sprechen, sondern einfach loszuspielen – so wie es zum Beispiel die Amerikaner tun. Ob das Spiel zueinander passt für eine ganze Runde, stellt man schnell fest. Das nämlich ist eigentlich völlig Handicap-unabhängig.

# Beziehung mit Hindernissen

*Das Konzept der positiven Illusion*

Es gibt zwei Arten von Golf-Ehepaaren. Im ersten Fall spielt ein Ehepartner (meist der Mann) Golf und der andere (meist die Frau) jubelt ihm zu. Diese Konstellation erlebt man bei der Clubmeisterschaft genauso wie bei einer British Open. Zugegeben, die Trophäen und das Preisgeld unterscheiden sich, das Beziehungsgefüge aber ist das Gleiche. Die zweite Variante betrifft Ehepaare mit zwei Golfern, die beide dem gleichen Hobby verfallen sind. Dies ist die kompliziertere Variante.

Der erste Fall ist relativ schnell erklärt: Im Profgolf tauchen die Nichtgolfer in der Beziehung immer dann im Fernsehen auf, wenn der Ehepartner gerade ein Turnier gewinnt. Dann stehen sie angespannt am 18. Grün, durchleiden die letzten Schläge, versuchen die Fassung zu behalten, wenn der vermeintlich so sichere Turniersieg doch noch verpatzt wird und sie im Inneren ihren an sich so geliebten Ehepartner verfluchen. Versenkt er den letzten Putt dagegen zum Sieg, eilt die Gattin üblicherweise aufs Grün, umarmt den Sieger und darf anschließend samt Pokal mit aufs Siegerfoto. So läuft das.

Im umgekehrten Fall – beim prominenten Golfer handelt es sich um eine Frau – halten sich die Ehemänner meistens etwas zurück. Man hat in der Vergangenheit weder den Ehemann von Michelle Wie West noch den ersten Mann der überaus erfolgreichen Schwedin Annika Sörenstam dabei gesehen, wie sie sich jubelnd aus der Zuschauermenge lösten und ihre Frau auf dem 18. Grün küssten, weil sie gerade wieder eine Trophäe gewonnen hatten. Wahrscheinlich haben sie sich trotzdem über den Preisgeldscheck gefreut.

Es gibt durchaus nicht golfende Ehefrauen, deren Popularität die ihres Mannes übertrifft, obwohl sie den Ball nicht 250 Meter weit dreschen. Paulina Gretzky etwa, Tochter des legendären Eishockeyspielers Wayne Gretzky,

Ehefrau des Amerikaners Dustin Johnson und Model postet für ihre rund 740.000 Follower auf Instagram gern auch Bilder, bei denen der Golfplatz als Bühne für die eigene Figur dient. Das kommt bei den Fans bestens an und hebt den Marktwert des Golfers Dustin Johnson zusätzlich ein wenig.

Der Normalgolfer schließlich findet für die Gattin ab und an eine Einsatzmöglichkeit als Caddie. Unvergesslich bleibt die Runde mit einem Clubpräsidenten, dessen durchaus ansehnliche neue Freundin in knappem Outfit bei jedem Schlag des neuen Liebsten in einen Begeisterungssturm ausbrach – auch dann, wenn der Herr mit dem einstelligen Handicap den Ball eher kläglich über die Löcher beförderte. Ihm war das zunehmend peinlich – sie verstand die Welt nicht mehr, wenn er sie ein ums andere Mal um Ruhe bat.

Golfspielen als Pärchen ist eben keine einfache Angelegenheit, was nicht am Golfsport liegt – schließlich genießt auch das Mixed-Doppel beim Tennis den Ruf keine unkomplizierte Sache zu sein.

Psychologen setzen sich seit Jahrzehnten vermehrt mit der Frage auseinander, wie man Ehepaare in die Lage versetzt, harmonisch ihre

Zeit miteinander zu verbringen. Die relevanten Fragestellungen „Wie meistern wir Belastungen gemeinsamen?" oder „Wie ist Stressbewältigung in der Partnerschaft möglich?", lassen sich übrigens leicht auf den Golfplatz übertragen, weil es während einer drei- bis vierstündigen Golfrunde zu zweit relativ nahe liegt, dass die „emotionale Qualität der Beziehung" (ebenfalls ein gern gewählter Begriff von Psychologen) auf den Prüfstand gestellt wird.

Wie damit umgehen, wenn der Göttergatte den Ball wie einen Strich vom Abschlag schmettert, während man selbst eher kümmerlich ein paar Meter macht? Wie leidensfähig ist der eine, wenn sich ein Fehlschlag an den anderen reiht, während der andere die Runde seines Lebens spielt? Was tun, wenn man sich obendrein im Inneren über die womöglich gut gemeinten Kommentare des Mitspielers ärgert? Oder: Wie reagieren, wenn der eine mit dem Spiel des anderen die Geduld verliert, und eher unfreundlich an Spiel- und Technikfehlern herumkritisiert?

Das Thema Technik ist ein weites Feld im Segment „Beziehungsgolf". Der Golfschwung ist ein extrem komplexes Gebilde, das selbst bei Golflehrern hinsichtlich der richtigen Vermittlung ständig für Diskussionsstoff sorgt. Trotzdem ist im Bereich der Golfer der Anteil der Autodidakten hoch, nur übertroffen vom Anteil jener, die glauben, sie könnten ihren Mitspielern einen guten Ratschlag nach dem anderen vermitteln: Du stehst zu nah am Ball, Du schwingst zu hoch aus, Du winkelst nicht rechtzeitig ab und überhaupt zielst Du ganz falsch. Tipps und Tricks von vermeintlichen Könnern gibt es reichlich – meistens allerdings sind sie mit Vorsicht zu genießen.

Wer Paare beim Trainieren auf der Driving Range beobachtet, wird überrascht feststellen – in so manchem Mann steckt ein kleiner Golflehrer. All sein Wissen, all seine Erfahrung gibt er an dieser Stelle an seine Freundin oder Frau weiter – kostenlos natürlich. Es gibt Frauen, die lassen die Tipps bereitwillig über sich ergehen oder versuchen den einen oder anderen gar umzusetzen. Es gibt andere, die verbitten sie sich. In den seltensten Fällen allerdings wird man das Umgekehrte erleben: Frauen, die ihre Lebenspartner auf der Driving Range unterrichten oder mit ihrem Schwungwissen beglücken, sieht man wirklich selten.

Manche Nationalitäten verhindern problembeladene Beziehungsrunden auf einfache

Weise: In den USA zum Beispiel wird man an einem Samstag- oder Sonntagvormittag weitgehend rein männliche Flights vorfinden, wochentags vormittags dagegen häufiger die Frauen für sich. Gemischtes Spiel ist nicht die Regel, bei Turnieren völlig unüblich. Während in Deutschland, Österreich, der Schweiz oder vielen skandinavischen Ländern das normale Clubturnier wie selbstverständlich gemischt gespielt wird, ist das in Großbritannien oder den Vereinigten Staaten selten der Fall. Hier ist Ehepaar-Golf vielleicht einmal im Monat meist die einzige Möglichkeit für Männer und Frauen gemeinsam an einem Turnier teilzunehmen. Wer es sportlicher sucht, könnte sich an der International Husband & Wife Golf Championship versuchen, bei der sich jedes Jahr Hunderte von Paaren treffen, um – meist auf einer karibischen Insel – gemeinsam ihr Können auf die Probe zu stellen. Übrigens ein klassischer Fall für den von Psychologen häufig zitierten Fall der „positiven Illusionen", der beschreibt, warum ein Ehepartner auf der Runde nicht ausrastet, obwohl ihm der andere theoretisch wahnsinnig auf die Nerven gehen müsste. „Positive Illusion" ist das Konzept, das beschreibt, wie man den Ehepartner einfach ganz anders wahrnimmt, als er eigentlich ist. Sozusagen durch die superdicke rosarote Brille. Eine einzigartige Lösung, die immer funktioniert. Auch auf dem Golfplatz.

# St Andrews Ladies' Putting Club

*Ein charmantes Unikat*

W elches genau der Mount Everest unter all diesen Hügeln ist, die ich da gerade erkunde, lässt sich an diesem Tag nicht feststellen. Zu unüberwindlich, zu kompliziert und vertrackt sind die vielen Steigungen und Schrägen. Vielleicht, so ahne ich nach den ersten zehn Minuten, ist mir auf dem ältesten reinen Puttkurs der Welt ein schwerwiegender Fehler bei der Wahl der Löcher unterlaufen. „Man fängt da unten in den ,Plains', den Niederungen also, an und arbeitet sich dann hoch zu den ,Hills', den Bergen, hat mir Margaret Philipps als Kennerin des Geländes geraten. Die Himalayas im Sturm zu nehmen und sich gleich ins steile Gelände zu wagen, dieser übermütige Versuch ist gescheitert an einem sonnigen, aber windigen Augusttag im schottischen St Andrews, als ich mich am Nachmittag auf diesen Golfplatz wagte, der allein dem Putten vorbehalten ist – über den wir aber niemals sagen würden, dass es sich um eine schnöde Minigolfanlage handelt.

In gewisser Weise ist dieses Spielfeld, das direkt hinter den Dünen des weiten Strands des Universitätsstädtchen St Andrews liegt, eine archaische Angelegenheit. Hier, rechterhand eingequetscht zwischen dem ersten Grün und dem zweiten Abschlag des berühmten Old Course, hat der 1867 gegründete St Andrews Ladies' Putting Club, der weltweit älteste Golfclub für Frauen, seine Heimat. Das Clubhaus, von dem die rund 200 (ausschließlich weiblichen) Mitglieder als „die Hütte" sprechen, ist ein kleines Häuschen, in dem sich die – meist ziemlich alten Damen – ab und an auf einen Keks und einen Tee treffen, wenn eines ihrer zahlreichen Turniere stattgefunden hat.

Die Himalayas, dieser Puttkurs mit insgesamt 27 Spielbahnen, gehört allein ihnen. In gewisser Weise wurden die Frauen Ende des 19. Jahrhunderts auf dieses Fleckchen Grün verbannt, weil die lokalen Caddies nicht mehr akzeptieren wollten, dass ihnen die Ehefrauen und Töchter der Mitglieder des noblen Royal & Ancient Golf Club of St Andrews den Platz auf dem Puttinggrün vor dem Clubhaus wegnahmen. Man konnte die Damen überreden, sich ein eigenes Gelände zu suchen und Altmeister Tom Morris, der auch für das heutige Erscheinungsbild weiter Teile des Old Course verantwortlich ist, plante den eigenen Platz für die Damen – die Himalayas.

Das Auf und Ab an Golflöchern ist ein Erfolgsmodell. Warteschlangen reihen sich an schönen Sommertagen vor der kleinen Kasse der Clubhaushütte auf, bevor der Club um vier Uhr seine Bahnen für die Öffentlichkeit zugänglich macht. Drei Pfund kostet der Spaß für einen Erwachsenen – und nein, man möchte den Preis nicht erhöhen, weil es sonst den Familien vielleicht zu teuer wird und sie nicht mehr kommen, wie die Präsidentin Margaret Philipps bei unserem Treffen gedankenvoll anmerkt. Golf ist hier billig, spaßig, ein Familiending – und genauso wollen die alten, scheinbar so verschrobenen Damen des Ladies' Putting Club es auch erhalten.

Drei Jahre ist die Präsidentin der exklusiven Vereinigung insgesamt im Amt, in einem Club, von dem die Einwohner von St Andrews sagen, er sei eindeutig der zweitwichtigste der Stadt, nach dem R&A natürlich, der Weltgeltung hat. Wo der R&A international ein Faktor der Macht in der Golfszene ist, gilt der Putting Club im Städtchen St Andrews als nicht zu unterschätzender Faktor. In der kleinen Hütte trifft sich das Who's who der örtlichen Damenwelt. Und nein, um Gottes willen, man kann sich nicht um die Aufnahme bewerben. Mitglieder werden in den Club gebeten. Einmal zugelassen, eröffnet sich die skurrile Welt des Puttens für Frauen, was sich an vielerlei Details ablesen lässt. Das weltweit einmalige Handicapsystem hat vor ewigen Zeiten ein Professor der benachbarten Universität für die Damen entwickelt – um ehrlich zu sein, bei der ersten Erklärung habe ich es nicht begriffen.

Und dann der Turnierkalender – ein zweifellos einmaliges Stück mit einem Jahres-Matchplay-Putting-Turnier ohne Anrechnung des Handicaps zum Beispiel. Oder ein Kanonenstart-Turnier über 18 Löcher – dann sind die Himalayas gestopft voll mit Damen, die sich in Vierer-Flights jeweils am Abschlag einer Puttbahn sammeln.

Gewinnt man eines der Turniere, kann man auf einen der wahrscheinlich wertvollsten Preise im Golfsport hoffen. Kostbare Edelsteine zieren viele der Pokale und Spangen. Die Sache ist nur: Der Preis gehört der stolzen Siegerin nur ein paar Minuten, dann wird ein Foto von ihr gemacht und die historische Trophäe wandert 500 Meter Luftlinie entfernt wieder ins Golfmuseum hinter dem Clubhaus des R&A am ersten Grün des Old Course.

All die öffentlichen Diskussionen um die Gleichstellung von Mitgliedern, die beim Royal & Ancient Golf Club of St Andrews, eigentlich ein Herrenclub, dazu geführt haben, dass man nun auch Frauen als ordentliche Mitglieder zulässt, sind bei den Damen des Putting Club übrigens deutlich leiser geführt worden. Auch der St Andrews Ladies' Putting Club ist ja, rein theoretisch, von den Bestimmungen des britischen Gleichheitsgesetzes betroffen, was bedeutet, dass Männer wie Frauen in dem Club eigentlich gleich behandelt werden müssen. Die Tatsache, dass Männer im Ladies' Putting Club aber traditionell nicht als volle Mitglieder, sondern nur als „associate members" zugelassen waren, ließ sich nicht halten. 2010 hat man sich an das Gesetz angepasst – jetzt sind eben nur noch Frauen im Putting Club.

Der Historie und den Schrulligkeiten zum Trotz sind die Damen und ihr einmaliges Putting-Gelände zweifellos ein öffentlichkeitswirksamer Renner. Die anderen örtlichen Golfclubs treten alljährlich zu einem Match gegen das Team des Damenclubs an, Kinder treffen sich hier abends für eine schnelle Runde und Familien gönnen sich mit Baby im Kinderwagen und Rucksack auf dem Rücken eine nette Nachmittagsrunde. Rund 60.000 Puttrunden werden hier alljährlich absolviert – eine Rundenzahl, von der so mancher deutsche Golfclub nur träumen kann. Und das, obwohl nicht täglich und in der Regel nur nachmittags geöffnet ist.

Am Ende eines Tages werden die Flaggen aus den Löchern entfernt und unerlaubte Fußgänger schnell vom Gelände verscheucht. Dann liegen die Himalayas still am Rande des Old Course. Von der anderen Seite der Düne hört man das Rauschen des Meeres. Wer sich auf die kleine Holzbank setzt, die neben dem Eingang steht, blickt auf eine seltsame Anhäufung von Wellen und Hügeln, irgendwie verworren und schwer zu bezwingen – wie ein Mini-Everest.

# Corona 2020

*Golf in der Krise*

Manchmal trifft es den Golfer unvorbereitet. Dann reißt ihn ein Ereignis, eine Krankheit oder eben ein Virus aus seinem Alltag – in dem der Golfsport eigentlich fester Bestandteil ist. Wer in der Historie des Golfsports zurückblickt, stellt fest, dass dies eigentlich ein relativ krisenresistentes Hobby ist, das selbst unter stark erschwerten Bedingungen von wirklich begeisterten Fans konsequent weiterverfolgt wird.

Die Spanische Grippe, die weltweit in den Jahren 1917 bis 1920 zwischen 27 und 50 Millionen Todesopfer forderte, konnte den Golfsport in den USA zum Beispiel nicht stoppen, was auch damit zu tun hatte, dass der damalige US-Präsident Woodrow Wilson ein begeisterter Anhänger dieser Beschäftigung war. „Präsident

Wilson lässt wissen, dass Männer ihre körperliche Ertüchtigung nicht einstellen sollten und mit einer Runde Golf am Tag ein gutes Beispiel geben sollten", beschrieb ein Chronist der Zeit die offiziellen Vorgaben.

Was das Spiel der Profis anbelangt, so ist die Open als ältestes aller noch existierenden Turniere jenes, das die meisten Krisen mitgemacht hat. Während sie 1871 aus dem einfachen Grund ausfiel, weil es keinen Pokal gab, pausierte man von 1915 bis 1919 während des Ersten Weltkriegs und von 1940 bis 1945 wegen des Zweiten Weltkriegs.

Ähnlich war der Verlauf in den USA, wo die U.S. Open der Herren allerdings im Ersten Weltkrieg nur 1917 und 1918 Pause machte. Ein ganzes Jahr ohne „Tourgolf" hat die amerikanische PGA Tour in ihrer Geschichte nur einmal erlebt, 1943 – auf dem Höhepunkt des Zweiten Weltkriegs. Während man 1942 noch einen Turnierkalender mit 24 Veranstaltungen durchzog, darunter das legendäre Aufeinandertreffen von Ben Hogan und Byron Nelson im Playoff des Masters in Augusta National, entschied die USGA nach dem Bombardement von Pearl Harbour im Dezember 1941, die U.S. Open im folgenden Sommer nicht mehr auszutragen.

Erst 1944 spielte die PGA Tour zumindest einen Teil ihrer Turniere wieder, während in Europa das Turniergeschehen ab 1940 bis Kriegsende mehr oder minder komplett zusammenbrach, weil auf den Britischen Inseln zahlreiche Golfplätze zu Start- und Landungsplätzen der Luftwaffe umgewandelt oder für andere Einheiten genützt wurden.

Der Terroranschlag vom 11. September 2001 war schließlich in diesem Jahrtausend der erste Anlass, der die Golfszene kurzzeitig in Aufruhr versetzte und weitgehende Änderungen auslöste. Am Morgen dieses historischen Dienstags blickte die Golfwelt nach St. Louis, wo die WGC-American Express Championship im Bellerive Country Club stattfinden sollte. Tiger Woods war früh auf den Platz gegangen, um den großen Zuschauermengen zu entgehen. Zusammen mit Mike Weir, Mark Calcavecchia und Vijay Singh drehte er eine Trainingsrunde. Er war der Star der Veranstaltung, in dieser Saison hatte er auf der PGA Tour schon fünf Mal gewonnen.

Mitten in die Runde platzte der Geschäftsführer der PGA Tour Tim Finchem. Die Nachrichten waren schockierend, ein Flugzeug war in das World Trade Center in New York gestürzt

– Woods und seine Spielpartner verließen mit Finchem sofort den Platz. Die Vier fuhren zurück zum Clubhaus, „als wir reinkamen, sahen wir unglücklicherweise gerade, wie das zweite Flugzeug traf", erzählte Woods später. Mark Calcavecchia und er spielten noch neun Löcher, von denen Calcavecchia später dem US-Magazin „Golf Digest" erzählte: „Wir waren beide geschockt und sagten nichts. Als wir das 18. Fairway entlangliefen, dämmerte es mir, dass wir uns wahrscheinlich nicht an einem idealen Ort aufhielten."

Das Turnier wurde abgesagt, der Flugverkehr in Amerika stoppte. Woods bekam eines der Autos aus der Turnierflotte und begann seine Fahrt von Missouri nach Orlando. Es war, wie er 17 Jahre später bei seiner Rückkehr zum Bellrive Country Club für die US PGA Championship resümierte, eine fast unwirkliche Reise. „Ich bin am 12. September zurückgefahren; es hat insgesamt 17 Stunden gedauert", meinte er. „Es war eine ziemlich surreale Phase für mich, die mir viel Zeit gegeben hat, nachzudenken."

Die Konsequenz aus dieser Reise zeigt sich noch heute in seiner Woods-Stiftung. Nach dem einschneidenden Erlebnis entschied der Amerikaner, dass sich diese nur noch um jene

Dinge drehen müsse, die ihn selbst geprägt haben: „Das war Familie, dann die akademischen Sachen und dann Golf." Sein Vater Earl setzte die Idee um. „Diese eine Fahrt hat die komplette Ausrichtung meiner Stiftung geändert", resümiert Woods.

Für die Golfszene hatte der Terroranschlag weitreichende Folgen. Der Ryder Cup kurze Zeit später, der im britischen The Belfry stattfinden sollte, wurde auf das Jahr 2002 verschoben. Der Kontinentalwettbewerb fand seitdem immer in geraden Jahren statt. Damit wechselten auch der Presidents Cup und der Solheim Cup jeweils in die ungeraden Jahre, was sich mit der Corona Krise 2020 geändert hat, da der Ryder Cup 2020 auf 2021 verschoben wurde.

Verglichen mit den Auswirkungen des Coronavirus im Jahr 2020 wirkt diese Umschichtung allerdings vergleichsweise klein. Die anfänglich von großen Teilen der Welt wenig wahrgenommene Infektion, die sich im Dezember 2019 in China ausbreitete, legte die Golfszene weltweit nahezu lahm. Die großen Profitouren der Welt stellten ihren Betrieb ab Januar schrittweise ein und nahmen ihn nur zögerlich ab Mitte Juni wieder auf, wobei auf der US PGA Tour die ersten vier Turniere ganz ohne Fans gespielt wurden. Majorturniere bei den Damen wie bei den Herren wurden abgesagt oder verschoben. Erstmals in der Geschichte des US Masters wurde dieses nicht für die erste volle Aprilwoche, sondern für Mitte November angesetzt.

Weltklassespieler verbrachten Wochen im Lockdown zu Hause und spulten ein Miniaturtrainingsprogramm mit Puttmatten und Netzen im Garten ab, in die sie Tausende von Bällen schossen. Nachwuchsgolfer mussten auf ihren Wechsel ins Profigolf verzichten. Trackman-Golf und digitale Golf-Charity-Turniere wurden zum Hit, und Sponsoren verabschiedeten sich reihenweise wegen größerer Finanzprobleme aus dem Proficircuit.

Während die US PGA Tour nach einem gerade abgeschlossenen neuen TV-Vertrag mit den US-Fernsehgiganten CBS Sports, NBC Sport und ESPN vor einer gut gefüllten Kriegskasse saß und im März eine Million Corona-Testkits für 100 Dollar das Stück bestellte, um die Saison noch irgendwie halbwegs ordentlich zu Ende zu bringen, legte die Corona-Krise schonungslos die Schwächen ihres Gegenübers in Europa offen: Die European Tour, so wurde klar, konnte in der bisherigen Form nicht bestehen, nachdem ihre Finanzreserven nahezu komplett aufgebraucht waren und Sponsoren an allen Fronten wegzubrechen drohten. Und: Die komplette Abhängigkeit von den Einnahmen des Ryder Cup, dessen Gewinne die European Tour jeweils für die nächsten zwei Jahre finanzierten, führte im Frühjahr 2020 zu der fast schon kuriosen Diskussion darüber, ob man dieses Spektakel, das eben gerade von der Atmosphäre eines Turniers mit rund 270.000 Zuschauern in einer Turnierwoche lebt, ohne Fans durchführen sollte – um TV-Verträge zu erfüllen und Einnahmen zu generieren.

Und der Normalgolfer? Dem wurde sein liebstes Spielzeug in vielen Teilen der Welt genommen. Während in Deutschland der Golfbetrieb auf allen Anlagen am 19. März 2020 komplett eingestellt wurde und auch in Österreich, der Schweiz, Großbritannien, Irland und vielen anderen Staaten Europas Golf nicht mehr erlaubt war, variierten die Vorgaben international stark. In den USA jedenfalls strömten die Golfer im März 2020 geradezu auf die Golfplätze. Wie der „New York Times" zu entnehmen war, herrschte vielmehr auf manchen Golfanlagen sogar Hochbetrieb: Die fünf öffentlichen Plätze in New Jersey's Somerset County kamen in den ersten 19 Tagen des Monats auf immerhin 6.501 gespielte

Golfrunden, was gegenüber dem Vorjahr einer 300-prozentigen Steigerung entsprach.

Der größte Golfmarkt der Welt musste sich den Einschränkungen des Virus am Ende doch noch ein wenig beugen. Knapp die Hälfte aller US-Bundesstaaten allerdings ließ ihre Golfer zu jedem Zeitpunkt spielen – und US-Präsident Donald Trump berief die Geschäftsführer der PGA und LPGA Tour Jay Monahan und Mike Whan zu Mitgliedern seines Beratergremiums in Sachen Wirtschaft und Corona-Lockdown.

Ein Detail, auf das so mancher deutsche Golfoffizielle während des Lockdowns neidvoll geblickt haben mag, weil es vor allem einen Punkt dokumentierte: In den USA gehört der Sport zum sozialen Leben dazu – in Deutschland dagegen diskutierte man im Zuge der Corona-Krise erneut die Frage, inwiefern der Sport nach wie vor unter Akzeptanz und Imageproblemen leide.

Solidarität lautete die Losung aller deutschen Golfverbände zu Beginn der Krise. Vom Golfclub über den Golflehrer bis zum Golfer: Das Einverständnis mit den staatlichen Anordnungen war flächendeckend vorhanden. Der Golfsport gliederte sich in die Sportfamilie ein, die der DOSB unter dem Hashtag #sportdeutschland zu einen versuchte. Mit den Wochen des Lockdowns bröckelte die Harmonie in der Golfszene jedoch – auch deshalb, weil zunehmend die Frage laut wurde, warum ein Outdoorsport, bei dem sich maximal vier Personen auf einem mehrere Hektar großen Spielfeld korrekt im Rahmen des Social Distancing bewegen können, nicht zugelassen war.

Mit den unterschiedlichen Aufhebungen des Lockdows kehrte auch die deutsche Golfszene ab dem 20. April 2020 in ersten Bundesländern wieder auf die Golfplätze zurück. Es dauerte bis zum 11. Mai, bis Plätze in ganz Deutschland wieder eröffnet wurden. Zu diesem Zeitpunkt hatten Verbände und einzelne Clubs bereits auf Wiedereröffnung geklagt, andere Anlagen ohne Genehmigung eröffnet, um in der Folge deftige Strafen und eine sofortige Schließung zu kassieren. Ein kleiner Anflug von Revolte hatte eine Szene erfasst, in der ansonsten der Begriff Etikette eigentlich eine große Rolle spielt. Golfer erklärten sich auf Social-Media-Portalen zu Anarchisten, die nicht mehr an staatliche Vorgaben glauben wollten, andere plädierten auf Rücksichtnahme und Solidarität. Einig ist sich die deutsche Golfzene in dieser Zeit nicht gewesen.

Wer zurückblickt auf diese drei Monate des weitgehenden Stillstands im globalen Golf, stellt fest: Leidenschaft bringen die Golfer mit, sonst hätten sie kaum so heftig über die Konsequenzen eines Lockdowns für ihr Hobby gestritten. Und: Die Profigolfer der Szene machten rundum eine gute Figur, nachdem Tiger Woods und Jack Nicklaus schon zu Beginn der Krise ihre Gemeinde digital auf Solidarität und Stillhalten eingeschworen hatten.

Wird Golf überleben? Ist es zu langsam, zu langatmig, zu alt? Diese Fragen wurden in den Jahren vor der Corona-Krise angesichts häufig stagnierender Spielerzahlen und manch wirtschaftlicher Probleme bei Golfanlagen oft gestellt. Drei Monate im Frühjahr 2020 haben gezeigt: Golf lässt sich nicht unterkriegen, auch von den heftigsten Krisen nicht.

# Amerikas
# Präsidenten

*Was tun mit dem Golffan Trump?*

Stellen wir uns einmal vor, Angela Merkel würde golfen. Oder Helmut Kohl hätte gegolft, womöglich sogar Gerhard Schröder. Golf und ein hohes politisches Amt: Das ist in Deutschland noch immer eine schwer vorstellbare Kombination. Nicht, dass es keine golfenden Politiker gäbe – weit gefehlt, es gibt sogar eine organisierte Golfgruppe im Deutschen Bundestag –, nur auf einem Foto oder bei einer öffentlichen Golfveranstaltung lässt sich solch ein golfender Politiker erfahrungsgemäß ungern blicken.

An der Frage, wie die bekanntesten Politiker in einem Land mit diesem Sport umgehen, lässt sich auch die Verankerung von Golf in einer Gesellschaft erkennen. Bei den Briten ist die Liste der golfenden Staatsmänner verständlicherweise lang, schließlich hat schon die schottische Königin Mary Ende des 16. Jahrhunderts dieses Spiel extrem gefördert und wurde nach dem Tode ihres Mannes Lord Darnley sogar beschuldigt, zu viel Zeit beim Golfen statt beim Trauern zugebracht zu haben. Premierminister Harold Wilson spielte, David Cameron drehte auch mit Staatsgästen gern mal eine Runde und Boris Johnson nahm sich im Juli 2019 sogar eine Auszeit vom politischen Geschäft, um auf einem Platz in der Nähe von London an seinem Schwung zu feilen – weshalb die britische Presse spekulierte, der Mann bereite sich gerade akribisch auf seine nächsten Treffen mit Donald Trump vor.

Der US-Präsident nämlich ist nicht nur ein begeisterter Spieler, sondern obendrein Inhaber von 19 Golfanlagen weltweit, die in dem Unternehmen „Trump Golf" zusammengefasst sind und während seiner Präsidentschaft von Sohn Eric geführt werden. Allerdings ist die amerikanische Öffentlichkeit die Golfleidenschaft ihrer Präsidenten durchaus gewöhnt, von denen immerhin 16 diesem Sport frönten.

Dwight Eisenhower zum Beispiel war ein regelmäßiger Gast im Augusta National Golf Club, wo man nicht nur den berühmten Eisenhower-Tree und das Cottage neben dem zehnten Abschlag nach ihm benannte, sondern vor allem permanent drei Bridge-Spieler bereithielt, damit der Präsident nach einem plötzlich anberaumten Golfausflug noch eine Runde Karten spielen konnte. In Washington drehte er jeden Mittwoch eine Runde im Burning Tree Club, und weil ihm auch das noch nicht reichte, ließ er sich vor dem Weißen Haus ein Puttinggrün anlegen, das sich auch bei seinen Nachfolgern ziemlicher Beliebtheit erfreute.

Sein Nachfolger John Kennedy allerdings versuchte sein Golfspiel eher nicht öffentlich zu machen. Als er bei einer Runde im kalifornischen Cypress Point 1960 beinahe am berühmten 16. Loch ein Hole-in-One schlug, soll er nach dem Bericht eines seiner Spielpartner gesagt haben: „Du brüllst natürlich, dass der verdammte Ball reingehen soll, aber ich sehe da eher eine politische Karriere kaputtgehen. Wenn der Ball ins Loch gegangen wäre, hätte sofort jeder gewusst, dass schon wieder ein Golfer versucht, das Weiße Haus zu übernehmen."

Richard Nixon hatte einen kleinen Golfkurs mit drei Löchern auf seinem Besitz in San Clemente in Kalifornien. George H. W. Bush ist sogar ein Mitglied der World Golf Hall of Fame. Er und sein Sohn George W. Bush, der das Spiel beim Ausbruch des Irak-Krieges erst einmal einstellte, sind bis heute bekannt als Anhänger von möglichst zackigem, schnellem Golf. „Wir knallen gern drauflos", erklärte er einmal. Sein Vorgänger Bill Clinton wurde vor allem wegen seinem Hang zu einer sehr individuellen Auslegung der Golfregeln bekannt.

Die Golfrunden der amerikanischen Präsidenten werden penibel in der Öffentlichkeit mitgezählt, weshalb Woodrow Wilson mit fast 1200 Runden während der Jahre 1913 bis 1919 als absoluter Spitzenreiter gilt, gefolgt von Eisenhower mit mehr als 800 Runden. Donald Trumps Golfaktivitäten sind auf der Website www.trumpgolfcount.com festgehalten, jene seines Vorgängers Barack Obama auf www.obamagolfcounter.com. Barack Obama, der erste Linkshänder unter den golfenden Präsidenten, spielte lieber auf den Golfplätzen der Army rund um Washington wie Ft. Belvoir oder Andrews Air Force als auf einem der exklusiven Privatplätze rund um Washington. Anders als Clinton war er ein ehrlicher Golfer und versuchte, sich im Verlauf seiner politischen Karriere deutlich zu verbessern, weil er hoffte, auf dem Golfplatz mehr politische Kontakte mit Senatoren und Kongressabgeordneten zu schaffen, obwohl seine eigentliche Leidenschaft immer Basketball war. „Kein Mensch ist härter gegenüber Barack als Barack selbst", meinte einer seiner Freunde und Spielpartner.

Ganz anders als die Erzählungen, welche die Runde machten, sobald Donald Trump 2016 Präsident geworden war. Zum Beispiel jene aus dem Trump International Golf Club in West Palm Beach, bei dessen Eröffnung 1999 ich ihn auch zum ersten Mal in seiner Rolle als Golfplatzbesitzer persönlich traf. Es war der erste Golfplatz, den sich Trump leistete. 27 Löcher ließ er von dem Architekten Jim Fazio mit einem Budget von 40 Millionen Dollar anlegen. Großartig, mächtig und auffallend sollte die Anlage werden, bei deren Eröffnung Trump vor einer großen Allee mit Palmen die Anlage mit Superlativen beschrieb, nachdem sich Journalisten amerikanischer Golfmagazine schon Wochen vorher die Finger wundgeschrieben hatten: 5.000 ausgewachsene Bäume wurden gepflanzt, ein 30 Meter hoher Wasserfall eingebaut. Es sollte einer der besten Plätze der Welt werden, ein Schauplatz für Majorturniere. Beides wurde bis heute nicht Realität.

Dafür wurde Trump hier in den Jahren 1999 bis 2018 sechs Mal Clubmeister, zum letzten Mal schon während seiner Amtszeit als US-Präsident. Speziell der letzte Titel sorgte medial für reichlich Furore. Eigentlich nämlich hatte Ted Virtue die Clubmeisterschaft bereits gewonnen, ein 58-jähriger CEO der New Yorker Investmentfirma MidOcean Partners und seriöser Golfer mit einem Handicap von 3.3. Trump, so wird die Geschichte jedenfalls von mehreren Clubmitgliedern und Golfmagazinen erzählt, begegnete Virtue im Club und erklärte ihm, er habe den Titel ja nur geholt, weil er selbst nicht mitgespielt habe. Er schlug Virtue ein Match über neun Löcher vor, der Sieger sollte endgültig den Titel des Clubmeisters bekommen. Das Match fand statt, ohne Schiedsrichter – und, welch Wunder, Trump gewann. Immerhin: Am Ende der Partie gestand er Virtue zu, sie könnten sich jetzt beide den Titel Clubmeister ans Revers heften.

In Sachen Golf sind die Ambitionen des Amerikaners immer groß gewesen. Im Hinblick auf seine verschiedenen Plätze, zu denen auch

Trump National Doral, der Trump National Golf Club in Los Angeles, Trump World Golf Club in Dubai sowie Doonbeg in Irland und Trump International Scotland in Aberdeen gehören, war es stets sein größtes Ziel, einmal eines der vier Herrenmajors auf einer seiner Anlagen durchführen zu können.

Als Donald Trump 2014 das schottische Turnberry vom Unternehmen Leisurecorp für angeblich 60 Millionen Pfund erstand und es in Trump Turnberry umbenannte, schien der Plan so gut wie umgesetzt. Schließlich wurde die British Open hier schon 1860 ausgespielt. Seine Kalkulation: Turnberry war fester Bestandteil der British-Open-Rota und damit für eine der zukünftigen Open gesetzt. Einzige Voraussetzung: Er musste den Ailsa-Kurs umbauen und verbessern. Laut Aussagen von Sohn Eric gab man 200 Millionen Pfund für die Modernisierung und den Umbau des ganzen Resorts aus. 2016 wurde das Redesign des Ailsa Course von Turnberry fertiggestellt – aber die Realisierung der British Open scheint für Donald Trump, der in Schottland nicht wahnsinnig viele Fans hat, in weite Ferne gerückt. Vielmehr sieht es ganz danach aus, als sei Turnberry der große Verlierer der neuen Vergabepolitik bei Europas einzigem und mit Abstand größtem Majorturnier.

Die British Open, so machte der Geschäftsführer des R&A in St Andrews, Martin Slumbers, 2020 vor Journalisten klar, folgt mehr denn je einem wirtschaftlichen Gebot. Nachdem die Veranstaltung 2019 in Royal Portrush von Fans quasi überrannt wurde und frühzeitig ausgebucht war, wird bei der Vergabe des Turniers verstärkt das Kriterium berücksichtigt, welche Schauplätze besonders viele Zuschauer anziehen können. „Die Open wächst", sagte Slumbers: „Wir blicken auf die Plätze, die große Zuschauermengen anziehen."

Womit wir wieder bei Trump und Turnberry wären: Der Ailsa-Platz gilt nach dem Umbau zwar als nicht nur herausragender Golfplatz, sondern ist mit seinem Leuchtturm obendrein auch noch ein perfektes Fotomotiv. Aber die Anreise über kleine Straßen ist heikel, die Parkmöglichkeiten an der Küste sind ungünstig und die Zuschauermengen in Turnberry waren deshalb historisch immer ziemlich niedrig. Zuletzt lagen sie 2009 bei rund 130.000. Von einer Rückkehr nach Turnberry als Schauplatz der British Open war beim R&A deshalb zuletzt keine Rede.

Große Unterstützung in der schottischen Öffentlichkeit kann sich Donald Trump, der Golfer, ohnehin nicht erwarten, seitdem er sich im Vorfeld des Baus seines Platzes Trump International Golf Links in Aberdeen zuerst einen jahrelangen Rechtsstreit mit diversen schottischen Behörden um die Genehmigung des Projekts geliefert hatte, das schließlich 2012 eröffnet wurde – allerdings in weit kleinerem Umfang als geplant. Angedacht waren zwei 18-Löcher-Plätze, ein 5-Sterne-Hotel, vor allem aber eine ganze Reihe von Privatimmobilien.

Obwohl der Platz ohne Zweifel erstklassig geworden ist, bleibt die Anlage in der schottischen Öffentlichkeit umstritten, weil sie sich auf einem Küstenstreifen mit Wanderdünen befindet, die durch den Bau des Golfplatzes angeblich beschädigt wurden. Nachdem die schottische Regierung einen Offshore-Windpark in Sichtweite des Resorts angelegt hat, lassen sich Interessenten für Privathäuser in der Gegend aber ohnehin nicht mehr so leicht finden. Ob es deshalb jemals zu der Erweiterung des Resorts und auch einem zweiten 18-Löcher-Golfplatz kommt, ist ungewiss. Die Begeisterung Trumps für Schottland, aus dem seine Mutter Mary Anne Trump ursprünglich stammte (sie wuchs auf den Äußeren Hebriden auf) dürfte auf jeden Fall ein wenig gelitten haben.

Amerikas Öffentlichkeit musste sich mit der Übernahme der Präsidentschaft Trumps daran gewöhnen, dass dessen Golfanlagen gern auch für politische Zwecke genutzt werden. Das Domizil Mar-a-Lago in Florida wurde für den Staatsbesuch und das Golfspiel mit dem japanischen Premierminister Shinzo Abe im Jahr 2018 verwendet, schon ein Jahr vorher hatte Trump dort den chinesischen Staatspräsidenten Xi Jinping empfangen. Sein Plan, den G7-Gipfel im Jahr 2020 in seinem Resort Doral auszutragen, erntete dann allerdings so viel Kritik in der Öffentlichkeit, dass Camp David für die Veranstaltung ausgewählt wurde, bevor die Corona-Krise auch diesen Plan zunichtemachte.

Nein, auf so viele Golfrunden wie seine Vorgänger Eisenhower oder Wilson wird Trump während seiner Amtszeit mit Sicherheit nicht kommen, der Augusta National Golf Club wird wohl keinen Baum nach ihm benennen und ob es je mit einer British Open in Turnberry klappt, bleibt ungewiss. Eines allerdings ist sicher: Nie zuvor hat ein Präsident die amerikanische Nation mit seinem Golfspiel so beschäftigt wie Donald Trump.

# Der Sunningdale Foursomes

*Klassisch britisch seit 1934*

Jedes Jahr im Frühjahr ist da das gleiche Gefühl: Endlich wieder Golf, endlich wieder Grün. Endlich ein Abschied von kalten, dunklen Tagen, Schnee und Wintergrüns. Es ist ein Gefühl von Neuanfang, das sich einstellt – alljährlich von Golfern weltweit zelebriert vor dem Bildschirm, wenn das Masters in Augusta National beginnt.

Dabei findet schon im März jedes Jahres in Großbritannien ein Turnier statt, das für jeden Briten den eigentlichen Saisonauftakt bedeutet: der Sunningdale Foursomes, erstmals ausgetragen im März 1934 und damit übrigens im gleichen Jahr wie das Masters. Eine ungewöhnliche

Veranstaltung, exzentrisch und britisch, einzigartig und unvergesslich.

Die britische „Times" jedenfalls berichtete 1934 über die Veranstaltung, zu der insgesamt 46 Paare gemeldet hatten, wie folgt: „Es war ein Klassischer Vierer, der auf ungewöhnliches Interesse stieß." Und: „Es war ein außergewöhnlich interessantes Treffen, mal ganz abgesehen von seiner Neuartigkeit, und die Matches verliefen insgesamt sehr, sehr eng." Die Sieger jedenfalls hießen Miss D. Fishwick und E. N. Layton, die im Finale am 18. Loch Miss M. Gourlay und Captain G.E. Hawkins mit 2:1 schlugen.

Womit wir schon bei der ersten Eigenheit dieses Klassikers wären, der übrigens das älteste Turnier der Welt ist, das bis heute als Klassischer Vierer ausgetragen wird. Die Zusammensetzung der Paare ist vielfältig: zwei Männer, zwei Frauen oder auch gemischt. Profis mit Amateuren im Team, oder je zwei Profis und je zwei Amateure. Das Turnierformat lässt alle Varianten zu – und das obendrein in jeder Altersklasse. Was dazu führt, dass sich in der Siegerliste der Veranstaltung diverse Namen von Majorsiegern finden, die auch beim Sunningdale Foursomes vertreten waren. Georgia Hall zum Beispiel holte 2018 bei der Women's Bri-

tish Open ihren ersten Majortitel – im darauf-
folgenden März trat sie mit ihrem Freund und
Caddie Harry Tyrrell in Sunningdale an und
verlor in der ersten Runde.

Paul Lawrie, Sandy Lyle, Ross Fisher, Luke
Donald: Die Liste erfolgreicher Tourprofis, die
zum Klassischen Vierer mit Freunden, Eltern-
teilen, Kindern oder anderen Verwandten antraten, ist lang. Der Promiflight schlechthin im
Jahr 2020 war mit Trish Johnson und Laura Da-
vies besetzt: Auf 87 Turniersiege auf der Ladies
European Tour und der amerikanischen LPGA
Tour brachten sie es zusammen. Trotzdem verloren die beiden Ladies gegen Heather McRae
und Craig Lee, beides ebenfalls Golfpros – nur
bei weitem nicht so bekannt.

Das Interessante am Sunningdale Foursames
ist nämlich der Modus. Weibliche Profis starten
mit Handicap 2, männliche mit +1, Amateure
mit scratch, weibliche Amateure immerhin mit
vier. Die Sache ist nur: So schön der Vorsprung
auch ist, abgeschlagen wird vom gleichen Tee –
und aus eigener Erfahrung kann ich nur eines
sagen: Im März, wenn der Boden noch nass ist,
spielen sich beide Plätze ganz schön lang.

Sunningdale, mitten in Berkshire gelegen,
wo sich viele der besten Plätze Londons finden,

gehört mit zum Besten was England an Golfclubs und Plätzen zu bieten hat. Die Mischung aus Understatement pur und schlichter Klasse der Plätze jedenfalls ist bezaubernd. Der Old Course, 1901 eröffnet und von Willie Park Jr. designt, zieht sich über Hügel und durch die Heide, vorbei an kleinen Bachläufen und durch hohe Bäume. Grüns liegen erhöht in den Hängen, kleines Gebüsch und Gestrüpp zwischen Abschlag und Fairway verschlingt gern die Bälle.

Doch wer stört sich an Hindernissen, wenn er es einmal geschafft hat ins erlesene Feld. Der Sunningdale Foursomes nämlich, bei dem jeweils 128 Paarungen zugelassen werden, ist alljährlich reichlich überbucht, weshalb der Golfer mit der Anmeldung erst einmal ein Bewerbungsschreiben ausfüllt – vorausgesetzt, er erfüllt die Handicapvorgaben, die 2020 bei Handicap -3 für Herren wie für Damen lagen. Leicht ist es nicht, beim Zulassungskomitee Gefallen zu finden, ein paar nationale Meistertitel, ein klein wenig Profikarriere oder eben eine Ryder-Cup-Teilnahme helfen in der Regel beim Sprung ins Feld.

Beim Empfang vor Ort jedenfalls werden keinerlei hierarchische Unterschiede zwischen den Promis des Sports und den Normalgolfern gemacht. Nach der – streng kontrollierten – Einfahrt zum Club liegt linkerhand der kleine Proshop, aus dem sich der Offizielle mit Ansagen zum Turnierablauf meldet. Trolleys sind nicht gestattet, Tasche tragen oder Caddie buchen sind die erlaubten Varianten. Die Driving Range liegt 50 Meter weiter, und der Aushang mit den Matches hängt an der Tür. Kein großes Brimborium also, sondern Sport pur. Dabei sein ist alles, schließlich hat hier schon Joyce Wethered, die wohl beste Golferin aller Zeiten, mitgespielt. Kein Wunder, dass Wethered mit ihrem Partner J.S.F. Morrison als erstes Paar auch den Titel verteidigte. 1936 jedenfalls spielten die zwei dabei die Löcher acht bis 14 auf dem Old Course allein in fünf unter Par.

Morrison war übrigens das, was man einen echten, britischen Sportsman nannte: Football, Cricket, Golf – ein Mitglied der Mannschaften von Cambridge und Somerset. Er flog einen Bomber im Ersten Weltkrieg und erhielt das Distinguished Flying Cross. Wer heute beim Sunningdale Fousomes mitspielt, kann sich solche Geschichten aus vergangenen Zeiten in Serie einverleiben. An jeder Ecke des Clubhauses finden sich Bücher und Bilder.

Man trifft sich nach der Runde am besten an der mit zahlreichen Schrammen versehenen Bar des Clubhauses, das leicht erhöht hinter dem 18. Grün des Old Course thront. Das Mobiliar ist erkennbar steinalt, der Service altertümlich. An den Stufen entlang zum Obergeschoss, wo sich eine inzwischen renovierte Damenkabine befindet, hängen die Bilder von Majorturnieren und anderen Events, die man hier abgehalten hat.

So kühl britisch, so traditionell und leicht verstaubt dieser Club auch sein mag, die inzwischen höchst moderne Idee des Mixed-Golfs von Frauen und Herren haben sie hier schon zu Zeiten promotet, als in Open Clubs wie Muirfield, Royal Troon oder dem Royal Ancient Golf Club of St Andrews allein der Gedanke an weibliche Mitglieder ein größeres Schauern bei der männlichen Mitgliedschaft ausgelöst hätte.

Christine Langford und Mickey Walker, beide Profigolferinnen und Mitbegründerinnen der Ladies European Tour, schrieben hier Geschichte, als sie 1982 als erstes rein weibliches Paar den Sieg holten. Das Beste daran: Ihre Gegnerinnen im Finale waren ebenfalls zwei Frauen – Mary McKenna und Maureen Madill gehörten zu Irlands Nationalmannschaft und hatten den Marathon ins Finale ebenfalls geschafft. Ein Spaziergang in dieser zweifellos wunderhübschen Heide- und Parklandschaft ist der Sunningdale Foursomes nämlich nicht. Sieben Runden dauert der Wettbewerb bis zum Sieg, 36 Löcher am Tag muss man überstehen. Das allerdings hat die Damen offenbar nicht am Siegen gehindert.

Dem Sunningdale Foursomes konnte 2020 auch das Coronavirus nichts anhaben. Im Profifußball von Englands Premier League hatte man zu diesem Zeitpunkt schon eine Pause eingelegt, auf der PGA European Tour wurde die Magical Kenya Open in der gleichen Woche verlegt. Im Sunningdale Golf Club allerdings ließ man sich nicht beirren. Hier wurde die Saison 2020 wie immer mit dem Sunningdale Foursomes eröffnet – ganz unter dem Radar und ohne großes Tamtam, very british eben.

# Hat dir das Buch gefallen?

Ich freue mich sehr, dass du mein Buch bis zu dieser Stelle gelesen hast. Wenn es dir gefallen hat, würde ich mich sehr freuen, wenn du ihm bei dem Online-Shop eine Bewertung gibst, bei dem du bestellt hast. Oder du schreibst bei einem deiner Lieblings-Buchportale eine Rezension.

Ich freue mich nicht nur sehr darüber, Meinungen zu meinem Buch zu lesen, es hilft mir auch dabei, weitere Werke zu schreiben und neue Leser für meine Bücher zu finden.

Vielen Dank für deine Unterstützung!

KAMPENWAND
VERLAG